Reinventa tu liderazgo

12 claves para gestionar equipos

Madrid, 2024

Adela Balderas Cejudo

Reinventa tu liderazgo

12 claves para gestionar equipos

2.ª edición

Primera edición: enero, 2021
Segunda edición: enero, 2024

Reinventa tu liderazgo. 12 claves para gestionar equipos
Adela Balderas Cejudo

© 2024, ESIC EDITORIAL
Avda. de Valdenigriales, s/n
28223 Pozuelo de Alarcón (Madrid)
Tel.: 91 452 41 00
www.esic.edu/editorial
@EsicEditorial

ISBN: 978-84-1192-013-1
Depósito Legal: M-255-2024

Diseño de cubierta: Balloon Comunicación
Maquetación: Santiago Díez Escribano
Lectura: Myriam Mieres
Impresión: Gráficas Dehon

Un libro de

Impreso en España – *Printed in Spain*

Este libro ha sido impreso con tinta ecológica y papel sostenible.

A las personas extraordinarias de mi vida
con infinita gratitud.

Índice

Prólogo a la 1.ª edición de Eduardo Gómez Martín

A gradezco a Adela Balderas que me haya invitado a escribir el prólogo de su libro *Reinventa tu liderazgo. 12 claves para gestionar equipos* porque me ha ayudado a seguir reflexionando sobre el liderazgo que necesitamos para navegar en estos tiempos caracterizados por la escasez de certezas y la velocidad en los procesos de transformación.

De hecho, el primer pensamiento que me ha provocado tal ejercicio es precisamente que necesitamos más pensamiento. Hemos de pensar juntos, a partir del respeto a todas las opiniones, con la fuerza de las convicciones y el respaldo permanente de la ciencia, acerca de cómo vamos a resolver los desafíos a los que se enfrenta la Humanidad (con mayúsculas). Las personas que nos guíen deben estar imbuidas de grandes dosis de humanidad (con minúsculas) para ver más allá de sus necesidades, intereses y ambiciones.

El mundo académico es el lugar más adecuado para pensar, discutir y alumbrar nuevas ideas. No es el único espacio en el que se genera conocimiento, pero sí el único que proporciona un marco institucional al método científico. La clave es que logre actuar como bisagra entre el conocimiento puro y el aplicado mediante una relación estrecha y permanente con el mundo de la empresa.

El segundo es que tales personas primero habrán de liderarse mediante una estructura de pensamiento y acción anclada en valores humanos para luego liderar a otros. El líder que requiere la gestión del hoy y la construcción del mañana es una persona con capacidad para autoanalizarse. Su principal referencia es un esquema de valores sólido que guía su comportamiento. Es capaz de reconocer sus éxitos y, sobre todo, de aprender de sus errores. Si así lo hace, no habrá fracaso en el error, porque será el origen de su próximo acierto.

La tercera reflexión se refiere a los modelos de liderazgo, que han evolucionado mucho en el último siglo. Hemos pasado del líder fuerte capaz de ganar batallas mediante órdenes y visiones claras (el líder por *potestas* y simpatía o miedo) al líder capaz de movilizar equipos mediante la persuasión, el propósito y la motivación (el líder por *auctoritas* y empatía). Las habilidades blandas (*soft skills*) han ganado espacio a las duras (*hard skills*), aunque ambas son necesarias para el liderazgo.

Las *soft skills* son las habilidades más demandadas hoy y lo serán también mañana. ¿Por qué? Porque no importa el cambio que venga siempre y cuando tengamos personas capaces de afrontarlo desde un punto de vista humano, abierto y ético. Todas ellas hacen referencia a nuestro lado más humano, ese que el mundo necesita justo cuando estamos ante la mayor evolución tecnológica experimentada por el *Homo sapiens*. Hemos de aprovechar la inteligencia artificial para hacer mejores a los humanos, para mejorarnos por dentro y por fuera.

El mayor líder de la historia, Jesucristo, demostró el enorme poder de las *soft skills*. Y lo hizo en una época en la que, por contraste, el poder emanaba de la capacidad de imponer a través de la fuerza. Jesús predicó con la palabra y con el ejemplo y construyó un liderazgo que aún mantiene plena vigencia y fortaleza. Demostró su enorme capacidad de comunicación para transformar el mundo a partir de las creencias, las ideas y las conductas.

Estamos pasando también de modelos de liderazgo verticales a otros horizontales. Los verticales se apoyan en la jerarquía. Los horizontales se basan en el servicio. No obstante, ambos comparten la necesidad de establecer una visión, un objetivo común. También aquí ha variado el ejercicio de liderazgo, porque en los modelos duros el objetivo suele ser una conquista, mientras que en los blandos es un camino colectivo.

El líder-jefe se preocupa sobre todo de alcanzar la victoria (el objetivo), mientras que el líder al servicio se ocupa más de la moral de victoria.

Las personas están en el centro. El líder está al servicio de su equipo y organización, a los que proporciona un relato del que puedan sentirse coprotagonistas. Ese relato alimenta unas relaciones que deben estar presididas por la aceptación de las responsabilidades atribuidas en un clima de respeto mutuo. Las relaciones han de crear un espacio seguro de intercambio de informaciones y opiniones a través de la sinceridad, la transparencia y la empatía.

Todas estas reflexiones me llevan a la siguiente pregunta: ¿cómo debemos las escuelas de negocios enseñar para los nuevos modelos de liderazgo? La primera respuesta es adaptándonos a ellos e investigando sobre su evolución. Durante muchos siglos, milenios incluso, hemos enseñado de la misma forma. La escuela siempre ha buscado la transformación de las personas, sobre todo a través de la transmisión de conocimientos y la investigación. Ahora vivimos en un entorno caracterizado por la velocidad del cambio y la incertidumbre. Tenemos que enseñar a las personas a que sepan transformarse para adaptarse a las exigencias de un tiempo que, en términos de conocimientos, dura menos.

Las instituciones académicas tenemos que enseñar a los alumnos a generar resiliencia, que es la combinación de resistencia más aprendizaje. La resiliencia requiere capacidad de adaptación, a la que hay añadir agilidad para que los cambios no te dejen atrás.

También tenemos que enseñar a comunicar mejor («comunica estratégicamente, con cabeza y corazón», uno de los doce principios apuntados por Adela Balderas en su libro). Comunicar mejor requiere mejorar la escucha y desarrollar la empatía. Desde el siglo xvii el racionalismo preside los modelos educativos. Sin embargo, las emociones son a menudo más poderosas que las razones. Por eso, hemos de aprender a gestionar las emociones, que son esenciales en nuestra vida. El principio básico para la gestión de las emociones es su reconocimiento, aprender a detectarlas y ver lo que te pasa con ellas y lo que les ocurre a otros («para ponerte en los zapatos del otro, primero quítate los tuyos», dice el noveno principio de la obra de Adela).

Comunicar empáticamente requiere necesariamente una visión colectiva. Las instituciones académicas debemos tener una visión holística de las necesidades del ser humano, entre las que se incluyen las ambiciones. Hemos de enseñar a nuestro alumnado a gestionar sus ambiciones para alcanzar futuros posibles, aquellos en los que los objetivos están al alcance de las capacidades o, cuando menos, muy cerca. De ahí que diseñemos un sistema de educación continua.

El liderazgo requiere compromiso. En primer lugar, compromiso con las personas. Si tu equipo no lo siente, es muy difícil que se implique. En segundo lugar, compromiso con los objetivos. Los líderes toman decisiones e inducen a la acción. Y, en tercer lugar, compromiso con las consecuencias de sus acciones. Los líderes son capaces de evaluar y de dejarse evaluar. En consecuencia, tienen que poder aceptar, analizar y sacar conclusiones de los fracasos o fallos. En estos tiempos de incertidumbre es clave la práctica de prueba y error, porque no sabemos cómo será el futuro, aunque sí debemos saber cómo queremos que sea. Solo así caminaremos en la dirección adecuada.

En síntesis, los líderes que necesitamos deben reunir tres haches. La primera es la hache de *heart*, ya que los líderes tienen que sentir esa pasión por lo que hacen en su día a día. La segunda es la hache de *habit*, una virtud imprescindible para mantenerse en un estado de aprendizaje constante, construir desde abajo y sentir y hacer sentir a las personas como iguales. Y la tercera es la hache de *harmony*, la habilidad de acordar sonidos procedentes de distintos orígenes, mantener relaciones equilibradas y orquestar soluciones consensuadas.

Busquemos estas haches y otras muchas más en el libro de Adela, disfrutemos de la lectura y extraigamos conclusiones útiles para nosotros y para los que se relacionan con nosotros. Porque el liderazgo de hoy requiere altas dosis de generosidad.

EDUARDO GÓMEZ MARTÍN
Director general de ESIC Business & Marketing School

Prólogo a la 1.ª edición de Joxe Mari Aizega

Desde su creación, Basque Culinary Center ha construido y consolidado un ecosistema de iniciativas con el objetivo de desarrollar el potencial económico y social de la gastronomía. Es un proyecto basado en y para las personas. El objetivo de crear una facultad universitaria dedicada a la gastronomía ha sido educar y preparar a los profesionales, a los líderes del futuro. El Grado en Gastronomía y Artes Culinarias, los diferentes másteres y programas para profesionales otorgan a los estudiantes una formación interdisciplinar y, sobre todo, unas competencias y unos valores personales que resultan vitales a la hora de desarrollar su carrera profesional.

Educar profesionales y prepararlos para el futuro no es una tarea fácil. Requiere una interpretación de los retos presentes y futuros del sector y un modelo educativo que, en su día a día, practique y desarrolle esas competencias y valores.

Entendemos que de la facultad saldrán los profesionales que ayudarán a transformar y desarrollar la gastronomía del futuro. Profesionales apasionados, comprometidos con la excelencia, con la innovación y, en definitiva, con la sociedad. Profesionales que sean capaces de trabajar en equipo, con espíritu crítico, resilientes, con capacidad de adaptarse e innovar y, sobre todo, profesionales que se erijan en líderes inspiradores de equipos y personas.

Conocí a Adela Balderas en los inicios de Basque Culinary Center hace casi 10 años. Empezó impartiendo un seminario en el que participamos diferentes personas del centro. Fue el primer contacto con una gran profesional y mejor persona. Poco a poco, fue involucrándose en más programas y diferentes actividades, no solo formativas, iniciativas relacionadas con la «vida» Basque Culinary Center. Adela asumió la coordinación del primer máster que activamos, el máster en Innovación y Gestión de Restaurantes, máster que seguimos impartiendo anualmente y gracias al cual múltiples grupos de profesionales se especializan en la gestión e innovación en restaurantes.

A lo largo de estos años, la profesora Balderas ha constituido un faro y un foco de energía permanente. Energía que ha transmitido a las comunidades de estudiantes que cursan este máster, motivadas, comprometidas y volcadas en su aprendizaje. El entusiasmo que ella transmite día a día contagia anualmente no solo a los estudiantes; también a las personas que conformamos este proyecto. Se observa en el devenir de cada máster: la culminación del proceso de aprendizaje se produce en la ceremonia de graduación, donde se contagia el cariño, atención y energía que la profesora Balderas comparte y genera en sus estudiantes.

En esta compleja época de pandemia, todos los sectores y actividades hemos tenido que reaccionar ante una situación imprevista, ante la imposibilidad de desarrollar nuestra actividad habitual de la forma que veníamos haciendo.

La crisis, la transformación y la imposibilidad de impartir la formación como la veníamos desarrollando nos han impulsado a crear, a repensar, a transformar, a rescatar ideas e inquietudes que teníamos anotadas en cuadernos o guardadas en las carpetas de los ordenadores y volcarlas en proyectos de transformación. La crisis como oportunidad para mejorar e innovar.

En ese contexto también se enmarca, como la propia autora confiesa, este libro de la profesora Balderas.

La pandemia de COVID-19 nos ha impulsado a abordar nuevos caminos, a recuperar inquietudes y a materializar soluciones. Por eso, es magnífico disfrutar de este trabajo de la profesora Balderas dedicado al liderazgo y a la gestión de personas y equipos.

En este proyecto se materializa ese entusiasmo, esa cercanía y esa pasión de la profesora Balderas, así como las reflexiones, la experiencia acumulada durante muchos años de trabajo en diferentes tipos de organizaciones pertenecientes a diferentes sectores.

Esa conjunción de pasión y experiencia lo convierten en un libro magnífico, cercano, fácil, a la vez que profundo e inspirador. En estas doce recetas, estos doce temas, se acumulan muchas reflexiones que creo que van a ser de utilidad para cualquier persona interesada en una de las labores más complejas y apasionantes: liderar equipos de personas.

¡Que aproveche!

JOXE MARI AIZEGA
Director general de Basque Culinary Center

Prólogo a la 2.ª edición de Luis Alonso Pastor

E s un gran honor prologar esta segunda edición del libro de Adela *Reinventa tu liderazgo: 12 claves para gestionar equipos,* una obra que representa el resultado de su amplio conocimiento y experiencia en liderazgo. Más allá de sus títulos académicos, como el de *research fellow* en el Institute of Population Ageing de la Universidad de Oxford o su doctorado en Administración de Empresas con Mención Internacional de la Universidad de Deusto, así como sus colaboraciones con instituciones notables como el Basque Culinary Center, Oxford, MIT o Harvard, entre otras, lo que realmente destaca en Adela es la forma en que incorpora su gran sensibilidad humana a la hora de definir un nuevo estilo de liderazgo horizontal y empático.

Toda definición tradicional de liderazgo queda pequeña al intentar describir a una persona como Adela Balderas Cejudo. Conocerla es adentrarse en un mundo de bondad, inteligencia, persistencia y energía positiva inquebrantable. Adela es una amiga excepcional, una colaboradora infatigable y una líder en el sentido más auténtico y contemporáneo de la palabra: una líder que utiliza la empatía para reinventarse y reinventar su liderazgo todos los días. Es difícil encontrar a alguien que reúna tantas cualidades excepcionales en un solo ser. Adela es una líder innata, y su capacidad para cuidar los detalles es insuperable, pero al mismo tiempo posee la rara cualidad de comprender el caos en las vidas de los demás, brindando apoyo y comprensión a los que la rodean. Esto ayuda a las personas a avanzar y a los proyectos a germinar. Adela no solo se enfoca en potenciar el liderazgo, sino también el empoderamiento de su entorno.

En *Reinventa tu liderazgo*, Adela comparte doce claves fundamentales para liderar equipos de manera efectiva. Estas páginas no solo contienen conocimiento valioso, sino que además irradian la energía positiva y el carácter excepcional de su autora. Adela nos demuestra que un líder auténtico debe presentarse tal como es, cuidar y nutrir el talento de su equipo y comunicar con sabiduría y empatía. Ella nos guía a través de un viaje de autodescubrimiento, donde el error se convierte en aprendizaje y las emociones alimentan el liderazgo de maneras inimaginables.

En contraste con el liderazgo tradicional, autoritario e insensible, la conjunción de liderazgo y empatía destaca en este libro como uno de los grandes valores del nuevo liderazgo en equipo. Esta empatía demanda adaptabilidad. Adela nos recuerda con sabiduría que «un liderazgo eficaz necesita adaptarse, repensarse y reexaminarse constantemente y sin atajos». Un verdadero líder se preocupa por los demás, se pone en los zapatos del otro antes de juzgar; eso sí, quitándose los suyos (prejuicios) primero. El nuevo líder que nos dibuja Adela entiende que el equipo es la clave para el éxito. En su visión, el desacuerdo es una oportunidad y la reciprocidad es la esencia misma del liderazgo efectivo.

Como epílogo, este libro nos deja una invitación a reflexionar sobre cómo aplicar estas claves en nuestra propia vida y liderazgo. Adela termina el libro dejándonos con un profundo sentido de cómo «ser lo que quieras recibir».

No puedo más que elogiar la magnífica obra de Adela y su compromiso con la creación de líderes que realmente marcan la diferencia. Estas páginas te llevarán mucho más allá de las teorías convencionales de liderazgo. Así que sumérgete en este libro y prepárate para descubrir el poder de un liderazgo auténtico y efectivo bajo la guía de una autora, amiga y líder excepcional: Adela Balderas Cejudo.

LUIS ALONSO PASTOR
City Science Group, MIT Media Lab

Introducción

M i madre insistió a lo largo de toda mi vida en la importancia de dar las gracias. Como un tributo a ese legado arraigado en mí, que se ha adherido a mi piel como un tatuaje de celebración de la vida, inauguro esta segunda edición dando las gracias a todas aquellas personas que han establecido contacto conmigo para compartir sus experiencias sobre *Reinventa tu liderazgo*. Gracias a tantos de mis estudiantes, a los exalumnos y exalumnas que me han vuelto a contactar y se han vuelto a cruzar en mi vida; gracias a tantas personas a las que quiero y admiro que me han emocionado el alma. Y un agradecimiento especial a cada lector que decide adentrarse en este libro.

Sentimos de manera intensa la imperiosa necesidad de adaptarnos, de comprensión, de autenticidad ante el grito angustiado en este mundo de filtros, de humanización en la era de la inteligencia artificial, de escuchar al planeta, de entender de manera genuina lo diferente, de disfrutar del deseo apremiante de vivir; de aprender a saborear las pequeñas cosas. Este tiempo dominado por las agendas que parece esforzarse hasta hacernos olvidar lo esencial; tiempo que acelera todo lo que toca, como un reloj antiguo estropeado cuyas agujas giran desenfrenadas. Y en este escenario, el liderazgo profesional y también el personal se tornan factores críticos.

Y es que ese liderazgo personal conlleva tomar decisiones fundamentadas (que no siempre son sencillas), extraer lecciones de los errores rebasando la barrera autoimpuesta de la culpa, abordando los desafíos con ojos de explorador. Todo ello hilvanado con el esfuerzo y la tenacidad de quien teje su destino.

En esta segunda edición, he revisado y ampliado ideas y perspectivas presentadas en la edición original, incorporado nuevas investigaciones, y añadido herramientas prácticas y actividades que reflejan las últimas tendencias y desafíos en el panorama del liderazgo, y pueden —espero— ayudar e inspirar a la reflexión y a la acción. Esta segunda edición no solo es una continuación de nuestra conversación anterior; quizás es una puerta abierta hacia nuevos horizontes y nuevas posibilidades.

Te invito a unirte a esta travesía con la cautela de la novata, la voluntad de quien solo quiere mostrar lo que siente, la determinación de quien busca compartir lo que sigue aprendiendo y la profunda emoción de quien quiere aportar.

> «Las dificultades a menudo preparan a la gente común
> para un destino extraordinario».
>
> C. S. LEWIS

Serendipia. Esta palabra tiene algo de mágica tanto en la forma como en el fondo. La serendipia es un hallazgo, un descubrimiento que, como un accidente inesperado, se produce de manera casual. Es un término ligado al mundo de la ciencia, en la búsqueda de algo que, de pronto, abre una nueva puerta y con mirada atenta observa la evolución de lo que allí acontece. Se cuenta que esta palabra tiene su origen en el cuento de *Los tres príncipes de Serendip*, en el cual se relataban las aventuras de tres príncipes dotados de un extraño don que les permitía realizar descubrimientos por accidente y sagacidad, y que fascinó a Horace Walpole, quien acuñó el término *serendipity* en 1754.

En realidad, tras esa serendipia hay mucho más que intentos; hay intuición, esfuerzo, innovación y una dosis importante de paciencia. Este libro es, dicho con la máxima humildad, una serendipia, un hallazgo interno, casual pero intuido. Como por accidente ha ido desarrollándose, aunque en realidad siempre estuvo ahí.

Los diálogos internos son siempre profundamente duros en tiempos complejos. Este libro nace de la necesidad de compartir, de transmitir más allá de las palabras. Y decidí arrancar con la fuerza del coraje mezclada con ilusión y con la responsabilidad como hilo conductor; con la sensación de pudor de quien es muy consciente de que, si bien la fórmula perfecta, como la pócima de un gran mago, no es más que una quimera, dibujar una hoja de ruta que pueda acompañar a personas que gestionan equipos podía ser algo más que inspiración; podía ayudar.

Estamos ante una gran revolución tecnológica. Tenemos cicatrices de situaciones mundiales que nos dejan perplejos. Y, sin embargo, a pesar de las huellas indelebles que nos traen los periodos complejos, la mirada hacia adelante, sentir que es momento de repensar, de regeneración, de reinventarse y de reconciliación con nuestro presente para encarar el futuro es y debe ser una gran sensación. Es crucial comprender que quienes se preparen ante la naturaleza de estos cambios son quienes serán capaces de emprender caminos, de enfrentar vicisitudes, de adelantarse a lo incierto más allá de las etiquetas que delinean los diferentes modelos de liderazgo, pero sin perder de vista ni olvidar la historia ni a las personas que investigan cada modelo; más allá de ejemplos que son verdades imperiosas, intentando articular y poner en palabras ideas que representan formas de entender, formas de vida.

Cada uno de los doce capítulos que componen este libro está centrado en aquellos a los que genuinamente les importan sus equipos; personas que mueven a personas, independientemente de la empresa, de su dimensión, del sector o del puesto; de la comunicación a la anticipación, pasando por la discordia, la empatía, la resiliencia y la generosidad.

Son muchas y muy diversas las características de una persona líder. Estas cualidades evolucionan, se transforman, se adaptan, se tornan flexibles como un junco que se arquea ante la tormenta inesperada y casi nunca perfecta. Y hay varios elementos que siempre se mantienen: a la persona líder se la admira, nos habla desde la sinceridad, con verdades duras en vez de dudas insoportables, implica y busca participación y cooperación en lugar de seguidores complacidos y complacientes. Y es que, en definitiva, son personas que escrutan señales, a las que las personas les importan de manera auténtica. Decía Sócrates: «El camino más noble no es someter a los demás, sino perfeccionarse a uno mismo». Y con la intención de aportar y de ayudar a reflexionar nace este libro, buscando esa perfección de uno mismo que tiene más de valentía, esperanza y determinación en el camino que se recorre que de representación de modelo de excelencia. Fruto de una evolución, como una tímida serendipia.

Fuente: Elaboración propia.

CUADERNO DE BITÁCORA - En cada capítulo encontrarás dos tipos de actividades: unas más enfocadas a reflexionar, otras más a hacer. Te sugiero que tengas un cuaderno de bitácora, un diario de navegación en el que registrar todo lo que trabajas en este libro, un cuaderno especial para ti. Protégelo con mimo de las inclemencias del tiempo y consérvalo con la idea de ir consultándolo siempre que creas necesario.

1

Avanza desde la calma, pero con agilidad

«Mi gran error, aquel por el cual no puedo perdonarme,
es el día en que dejé mi obstinada búsqueda de mi individualidad».

OSCAR WILDE

En Real Academia Española (2014):
Incertidumbre
1. f. Falta de certidumbre.

Timonear un barco nunca es tan sencillo como parece. Las aguas en las que constantemente navegamos son inquietas, impredecibles y a veces hasta indomables. Aun así, buscamos entornos seguros. Incluso en medio de la tempestad, luchamos por conseguir cierto control, bien sobre las situaciones que vivimos, bien sobre emociones que experimentamos, porque necesitamos conectar con nuestro presente, saborear y valorar los aspectos que dan sentido a nuestro propósito de vida.

Mientras nos toque navegar por aguas turbulentas, el miedo, la inseguridad y la angustia seguirán existiendo, de forma que debemos tomar conciencia en medio de las adversidades para contrarrestarlas e ir paso a paso en la lucha para recuperar el sentido de nuestro ser y querer, y la convicción profunda de que tras los retos se esconden oportunidades que a menudo no hemos contemplado ni siquiera imaginado.

Cada año aparecen palabras, expresiones y neologismos que se adueñan de nuestras conversaciones más cotidianas y desaparecen a veces o pasan de moda igual que llegaron, como le sucede al *pantone* del momento. Si bien nos acompaña cada vez que asumimos travesías sin tierra a la vista, la palabra *incertidumbre*, repleta de contradicciones y preguntas, se ha hecho particularmente presente en estos tiempos. La definición que la Real Academia Española le da, sin ninguna otra acepción, es «la falta de certidumbre». Así de simple; así de escueta. Directa.

En tiempos agitados, la incertidumbre adquiere enorme protagonismo, más como sensación de inquietud y vulnerabilidad que como una simple palabra. Son épocas inciertas, de desconcierto, de vulnerabilidad y de interrogantes ante lo que va a venir. Y también de reflexión, de oportunidades, de creatividad, de transformación, de retos. Experimentamos una urgente necesidad de anticipar lo que está por venir; anhelamos conocer los senderos inexplorados. Es como cuando avanzamos al caminar, donde un paso nos conduce naturalmente al siguiente, y, sin embargo, ese acto aparentemente sencillo nos inunda de un sentimiento de vacío, de desamparo, de desabrigo. Esta sensación nos envuelve como un vértigo intenso que nos empuja hacia un abismo de incertezas.

Aceptar la incertidumbre y convivir con ella pasa por liberarnos de la búsqueda incesante de la certeza, por disfrutar y deleitarnos del camino y poner la mirada en el presente, aceptando que somos responsables de encontrar nuestros puntos de anclaje. Y es que son las olas desafiantes las que forjan la destreza porque, como dice esa frase de la sabiduría popular —frases que en tantas ocasiones encapsulan y capturan intuición y tanta sensatez—, «ningún mar en calma hizo experto a un marinero».

Durante mucho tiempo manifestábamos la imperiosa necesidad de salir de la zona de confort, de huir de ese estado mental de comodidad que no nos exige complicación y cuya rutina nos deja incluso abotargados, sin tomar conciencia ni atrevernos a dar pasos por miedo a perderla. Y en un momento como el actual parece que recordar la zona de confort nos genera esa cálida sensación de cuando llegas a casa tras un tiempo fuera, quizás creyendo que nuestra felicidad está unida a ese «más vale lo malo conocido que lo bueno por conocer»; quizás una felicidad que es más el resultado de la ausencia de adversidades que la existencia de acontecimientos.

Y es que perder nuestra zona de confort en el ámbito de lo profesional complica y altera el escenario. Como diría el sociólogo y filósofo Zygmunt Bauman, «nos enfrentamos a una nueva realidad precaria, cambiante, inestable y acelerada donde lo único que siempre será estable será el cambio». El ritmo de evolución, por vertiginoso que sea, nos empuja a adaptarnos a nuevos hábitos y costumbres, a caminar sin caernos aun sin saber dónde pisaremos en el siguiente paso que demos.

Y en esta incertidumbre que asusta e intriga a la vez, la persona líder se afana y debate por entender hacia dónde avanzar. Y el primer paso comienza por comprender que es decisivo avanzar con una nueva mirada, desde otra perspectiva y gestionar con nueva disposición. En un mundo en constante y galopante evolución, un mundo en el que la disrupción, la ruptura con lo anterior parecen hacerse habituales, y donde lo inesperado puede aparecer de repente, resulta sumamente importante conocer todos los elementos que pueden configurar la baraja. El contexto actual hace que el liderazgo esté bajo el influjo de un enorme desafío para el que hay que prepararse más que nunca.

Son muchas las escuelas, los modelos y las teorías sobre el liderazgo y, sin embargo, muy compleja su definición, y más difícil aún explicar los ingredientes para el éxito del líder. Aunque en todas las definiciones surgen temas comunes sobre influencia, gestión del cambio e importancia de la colaboración, conocer la cantidad de esos ingredientes y el momento en el que incorporarlos es casi terreno desconocido, porque no solo depende de uno.

Para hacer las cosas de forma diferente hay que aprender a adecuarse a un mundo cambiante. Conocer y aprender del pasado ayuda a entender el presente y mirar al futuro. «Aquel que no conoce su historia está condenado a repetirla», dice la frase de autoría anónima, aunque se le atribuye en primera instancia a Napoleón Bonaparte.

Más allá de los principios y las reglas, el contexto en el que estamos, este mundo que se maravilla y a la vez se asusta ante los avances tecnológicos, que siente que la crisis climática de la que tanto se hablaba está aquí y es ya una emergencia, que es consciente de la necesidad imperiosa de cuidar el talento; este mundo impresionado ante el clamor por el bienestar y la salud mental necesita y reclama un nuevo estilo de liderazgo coherente y humanista. Y es que, de lo contrario, no podremos hablar de liderazgo, sino de autoridad y poder.

Cada vez más buscamos que las personas nos inspiren, nos guíen y nos estimulen. No queremos ser gerenciados, sino gozar de libertad para implicarnos de otra manera en el proyecto, para sentirnos parte de él, sentir que aportamos y también que crecemos, conscientes de que a un verdadero líder le importa el aprendizaje y el crecimiento de su equipo, de las personas que lo forman.

El entorno actual parece impulsar hacia un estilo de liderazgo marcado por la prisa y la aceleración, con la constante sensación de estar resolviendo situaciones urgentes. No obstante, guiar con una serena calma deliberada, pero con agilidad puede contribuir a dilucidar el camino. La tolerancia a la incertidumbre es, precisamente, la habilidad de lidiar con la falta de certezas y de resultados inmediatos.

Liderar con calma

Entonces, ¿cómo lidero?, ¿cómo lidero con calma?, ¿por dónde empiezo?, ¿qué pasos debo tener en cuenta? Sin duda son muchos los aspectos que tienen que plantearse, pero lo más importante es empezar por el principio: el autoconocimiento. El autoconocimiento como fuente de un intenso proceso de aprendizaje es la piedra angular y nos determinará como líderes. Los llaneros solitarios no llegan lejos. Ese proverbio tan compartido «si quieres ir rápido ve solo; si quieres llegar lejos ve acompañado» no son solo palabras: seguir adelante como un llanero solitario luchando contra viento y marea con dificultad para orientarse en sentido norte no parece tener precisamente eso, sentido. Es esencial recordar cuáles son aquellos valores que jamás debemos perder de vista. ¿Cuál es nuestra misión? ¿Hasta dónde quiero llegar? ¿Con qué propósito? A partir de estas preguntas —que uno a veces por diferentes razones no se hace: inseguridad, falta de confianza, exceso de confianza...—, el puzle va formándose.

Esta autoconciencia y autoconocimiento nos ayudará a trazar y potenciar nuestros puntos fuertes mientras actuamos sobre los débiles. Siempre sin miedo, porque conocer cuáles son nuestras limitaciones nos permitirá avanzar; conectar puntos, vivencias, experiencias y conocimientos... nos hará ver más allá.

El periodista, escritor y biógrafo estadounidense Walter Isaacson, en su biografía sobre Leonardo da Vinci, escribió algo que me impacta profundamente: «La capacidad de establecer conexiones entre diferentes disciplinas —artes y ciencias, humanidades y tecnología— es la clave de la innovación, de la imaginación y del genio».

Y continúa afirmando:

> En realidad, el genio de Leonardo era humano, forjado por su propia voluntad y ambición... No se debía al don divino de una mente con una capacidad de procesar información que los simples mortales no entendemos. Su genio era de una clase que entendemos y que incluso nos sirve de ejemplo. Se basaba en habilidades que podemos aspirar a mejorar en nosotros mismos, como la curiosidad y unas enormes dotes de observación.

Sin un tiempo de conexión, de reflexión, de calma previa a la acción, no será posible establecer esas conexiones de cosas diversas; esa mirada atenta a lo discorde que descubre ideas insospechadas.

En nuestro día a día presenciamos la eterna dualidad entre nuestro ángel y nuestro demonio: optar por permanecer en nuestro empleo actual o arriesgar por perseguir nuestro sueño; lanzarnos a emprender o continuar en nuestro puesto; acomodarnos en la situación presente o desafiarla; explorar una nueva estrategia o aferrarnos a la que ya conocemos.

La toma de decisiones requiere de reflexión desde esa mirada pausada y desde el equilibrio interno. Adaptarse desde los recursos de los que uno dispone es clave, pero para ello es esencial conocer esos recursos, y fomentar estar y sentirse bien. Y a menudo, nuestro ritmo frenético nos impide lo más importante: cuidarnos para cuidar. El bienestar emocional guarda una estrecha relación con nuestras acciones. Gozar de equilibrio, de una serenidad óptima, es un factor determinante en la prevención de problemas y en la toma de decisiones erróneas. No es teoría, no es divagación, es ciencia. Y si la persona líder no se cuida, ¿podrá cuidar?, ¿sabrá velar por el bienestar?, ¿tendrá la sensibilidad necesaria para entender la importancia de la salud a todos los niveles?

«Ningún viento es favorable para quien no sabe a qué puerto se encamina», decía Lucio Anneo Séneca (65 a. C.). Por eso, nuestra lucha diaria debe centrarse en buscar el autocontrol, saber hacia dónde nos dirigimos, gestionar los malos momentos y sentirnos con la capacidad de tomar decisiones coherentes para encontrar un estado de armonía. Es comprensible que dé miedo mirar hacia dentro. No hacerlo es sinónimo de decisiones equivocadas.

A menudo, tenemos que resolver cuestiones de forma repentina que implican acciones relevantes. Liderar desde la calma, pero con agilidad no es sino pararnos a pensar los pasos inminentes, analizar y evaluar cuál es el contexto actual, las dinámicas del equipo, identificar qué podemos realmente ofrecer y, a partir de aquí, definir soluciones reflexionadas, mirando hacia el futuro, sin perder la misión, evitando la trampa de quedar atrapados en el corto plazo.

Humanos e imperfectos

Hay una anécdota del todo personal que durante tiempo sentí como algo terrible, algo casi vergonzoso, algo que ni siquiera sabía poner en palabras. Solo lo sentía como un dolor punzante e incomprensible, consciente de que tenía mayor profundidad que la de una simple anécdota.

Tuve la oportunidad de cumplir un sueño, sin sospechar que se iba a transformar en lo que se transformó. Era mi primer viaje a la

Universidad de Oxford en mi trayectoria como investigadora. No me podía sentir más emocionada y afortunada por poder formar parte —aunque ínfima— del conocimiento, por tener el privilegio de estar allí. Y, efectivamente, así me sentí: extremadamente insignificante, paralizada por el miedo; incapaz de transmitir bien, incapaz de comprender lo que me estaba pasando. Cada día era más complicado que el anterior. No era un reto ni un desafío: era dolor.

Y así pasaron varios días. Tuve una reunión con quien iba a ser mi mentor, mi admirado Dr. George W. Leeson. La reunión tenía una duración de 20 minutos. La preparé con el mimo de quien prepara su puesta de largo, el cuidado de quien sabe que cada palabra es esencial y el respeto profundo al lugar, a la tradición, al conocimiento, al aire que se respira en una institución con siglos de existencia.

El Dr. Leeson quiso conocer, ciñéndome al tiempo estipulado, mis avances en el proyecto de investigación. Yo estaba realmente nerviosa, y desde el inicio sentí que nada iba bien. De manera precipitada, sin poder de convicción, sin transmitir lo que realmente quería a pesar de la intensa preparación previa, concluí; el propio entorno me comía y el imponente mundo académico, que tanto respetaba y admiraba, me mermaba. Me imponía pensar que me rodeaban las mismas paredes en las que grandes académicos habían sido reconocidos con premios Nobel y que yo debía estar a su nivel, cuando en realidad la sensación era de estar en un sitio equivocado, como si me hubiera colado por una grieta del sistema.

Una semana después tendría lugar la segunda reunión. La preparación fue intensa y amarga a la vez, como sintiendo el aliento del fracaso en la nuca. En esa segunda reunión pasó exactamente lo mismo: una dolorosa sensación de impotencia, de perder mi propia esencia. Y así me sentía casi día a día en las reuniones de equipo e incluso callejeando por la propia ciudad de Oxford, incapaz de disfrutarla, solo sufriéndola, sintiendo que quizás «se darían cuenta» de que no era suficientemente buena para estar allí, de que efectivamente me había colado.

Tiempo más tarde, de manera casi casual, como a veces sorprende la vida, pude poner nombre a lo que me estaba ocurriendo: *el síndrome del impostor*. Es esa terrible sensación de no ser lo suficientemente capaz, competente ni buena, de estar donde se está por suerte y no por mérito, de no estar nunca a la altura de las circunstancias. Identificarlo fue para mí como una ruptura, como un fin de ciclo, como una pequeña liberación. Supe entender y reconocer que a muchas otras personas les ocurría, personas a las que admiro profundamente, con carreras profesionales exitosas y logros académicos brillantes, personas que consideramos triunfadoras con un público entregado y que, sin embargo, digieren su día a día entre sobresaltos de falta de autoestima. Identificarlo fue para mí liberador, pero aún no lo sentía como un fin de ciclo. Sin duda seguí temiendo el momento de una siguiente reunión. Y llegó esa tercera y temida reunión. Antes de empezar, el Dr. Leeson, con extraordinaria empatía, consciente de que estaba sufriendo, de pronto me interrumpió y me dijo: «Adela, espera. Es importante que recuerdes algo. No me tienes que impresionar a mí, te tienes que impresionar a ti». Y ahí comenzó para mí un viaje vital; comenzó otra forma de trabajar, de enseñar y de ser.

Hoy en día cuento y comparto esta historia con mis estudiantes quizás por el anhelo de intentar evitarles las consecuencias de la falta de autoestima; quizás por un reto personal de superar y verbalizar lo pasado. Quizás por ambas cosas. Siempre que lo cuento me recorre un escalofrío, siempre hago un viaje no cómodo. Y siento sus miradas, siento su complicidad, siento cómo me comparten que también lo han vivido… lo escucho sin voz, sin necesidad de hablar. Lo escucho. Mis alumnos se sorprenden cuando les cuento que también les pasa o les ha pasado a personas de mundos diferentes: desde el mundo de la tecnología hasta los grandes chefs pasando por actores y actrices, músicos… y un larguísimo etcétera. Personas como la directora de operaciones de Facebook, Sheryl Sandberg, Paco de Lucía, Meryl Streep, Natalie Portman, David Bowie, Emma Watson, Lady Gaga, Michelle Obama lo han compartido. No dejo de sorprenderme con la enorme lista que aumenta cada día.

El síndrome del impostor se empieza a conocer en 1978 tras la publicación del artículo «El síndrome del impostor en mujeres de alto rendimiento: dinámica e intervención terapéutica» por la Dra. Pauline

R. Clance y la Dra. Suzanne A. Imes. «La mayoría de las personas que sufren el síndrome del impostor no dirían que se sienten como impostoras. Pero cuando oyen hablar sobre el tema a menudo exclaman: «¡Así es exactamente como me siento!», asegura la Dra. Clance.

Y, sin duda, hay mucho camino por investigar en torno a este síndrome.

Déjenme que les cuente una anécdota más.

No puedo olvidar las sensaciones que la primera e impactante autobiografía de Maya Angelou, *Yo sé por qué canta el pájaro enjaulado,* me dejó.

Mil y un oficios: escritora, cocinera, poeta, camarera, cantante, actriz, bailarina, periodista, activista por los derechos civiles de los afroamericanos, obtuvo un Premio Grammy, fue nominada a un Emmy y recibió más de cincuenta títulos honoríficos. Eso es solo un escueto resumen de su intensa trayectoria y nada comparado con su intensa vida de lucha, de tenacidad, de inquebrantable fortaleza. Pues bien, Maya Angelou describió muy bien cómo se siente quien padece este síndrome, tan bien que me produce un terrible desasosiego, una ternura incontenible: «He escrito once libros, pero cada vez pienso que me van a descubrir de repente. Como si se la hubiese jugado a todo el mundo y me fuesen a pillar».

Nada puedo añadir, excepto que vivir sintiendo esto es profundamente doloroso.

Por una cuestión de ego, de imagen o por miedo a los prejuicios estamos constantemente intentando impresionar a los demás. En ese deslumbrarnos, el autoconocimiento juega un papel crucial en asumir las cosas con calma y con agilidad para dar pasos, sabiendo hacía dónde vamos, siendo muy conscientes de las debilidades que tenemos, pero muy atentos al camino que debemos seguir.

El liderazgo del siglo XXI empieza por impresionarnos a nosotros mismos sin necesidad de maquillar imperfecciones. Lograrlo implica emprender el viaje de la forma más natural posible. Porque saber interpretar nuestras emociones pasa por hacernos preguntas incómodas.

Hace tiempo, un alto directivo de una multinacional me dijo: «Es tan fácil mirar para otro lado y saltarnos todos nuestros principios».

Años más tarde, y en otro estadio, tuve la oportunidad de conocer a alguien que me ha marcado y sin duda inspirado y ayudado. Nuestro primer encuentro fue compartiendo escenario. Sir John Whitmore, piloto de carreras británico, padre del *coaching* y autor del conocido modelo GROW (2010). Me impresionó su forma de mirar, moverse, interactuar desde la máxima y auténtica humildad, así como la conciencia social y medioambiental que profesaba cuando aún no era habitual hablar de estos temas. Habiendo hecho este viaje del autoconocimiento, su discurso sobrepasaba la preocupación por las personas y ahondaba en el daño que podemos hacerle al planeta.

Problemáticas tan vigentes como la sostenibilidad o la necesidad de una ética empresarial acorde a la sociedad de hoy en día plantean desafíos sin precedentes a compañías como las que se saben frente a nuevas responsabilidades ante luchas como el calentamiento global o a la importancia de un mayor compromiso social. La coyuntura actual no deja mucho margen para el lujo de ser irresponsables.

Aunque las crisis suelen favorecer el pensamiento cortoplacista, también pueden servir a las personas que lideran empresas para recordar que existe una oportunidad extraordinaria para cambiar las reglas de juego, propiciar cambios relevantes y contribuir a la evolución de los paradigmas que nos trajeron hasta aquí.

Sin importar el tamaño de la empresa, los líderes contemporáneos tienen la responsabilidad de mirar hacia adelante desde una óptica sistémica, captando la totalidad de lo que ocurre a su alrededor y preocupándose por algo más que el futuro inmediato. La sostenibilidad ambiental y el enfoque en el bienestar no deben ser simples tendencias pasajeras, sino principios fundamentales que guíen las operaciones empresariales. Deben convertirse en la norma que oriente la conducta en los negocios, más allá de modas temporales.

Nos sentimos vulnerables al asumir la responsabilidad no solo de preservar nuestro planeta, sino también de arraigar esta práctica virtuosa en el tejido mismo de las personas cercanas. Esta tarea se torna aún más apremiante a medida que las señales de alerta roja se multiplican en frecuencia. Contemplar el porvenir con una perspectiva responsable recae en la labor de cada uno de nosotros, y es crucial internalizar esta mirada altruista.

La visión de Sir John Whitmore iba más allá de observar simplemente el entorno y su contexto circundante; procedía de haber realizado un viaje personal profundo de autoconocimiento. Comprendía que el autoconocimiento, como fuente esencial de un proceso de aprendizaje profundo, ejerce una influencia crucial en nuestra capacidad para liderar. Whitmore afirmaba que el desafío radica en que, si no elevamos tanto nuestra propia conciencia como la de aquellos que colaboran con nosotros, el rendimiento resultante será mínimo en su alcance y potencial.

Resulta asombroso lo complejo que es ese autoconocimiento, ese «mirar adentro». Ignoramos muchos aspectos de nosotros mismos y, en ocasiones, los tememos o no sabemos ponerlos en valor. Por ello, es esencial llegar a ese conocimiento, alcanzar ese nivel de compresión que nos ayude y nos guíe a conocer, potenciar y valorar nuestras habilidades y competencias.

El arte de conocerse

«Conócete a ti mismo» es uno de los más famosos aforismos de la Antigüedad griega, una frase situada en el pórtico de entrada del templo del dios Apolo en la ciudad de Delfos en Grecia, en el siglo IV a. C. Con el tiempo, muchos autores han adoptado y adaptado esta sentencia, lo que la ha llevado a experimentar algunas variaciones.

En 1995, Daniel Goleman afirma: «El conocimiento de uno mismo, es decir, la capacidad de reconocer un sentimiento en el mismo momento en que aparece constituye la piedra angular de la inteligencia emocional». Este psicólogo mundialmente conocido por su libro y su teoría, *Inteligencia emocional*, popularizó, en 1995 y hasta el día de hoy, la rompedora idea de que lo determinante para el éxito en la gestión no es el cociente intelectual o la formación teórica y técnica, sino la inteligencia emocional.

Un directivo o directiva de una empresa, por muy inteligente y capacitado que esté, puede fracasar por la falta de conocimiento de sí mismo. Si no es capaz de reconocer sus propias emociones, sus talentos y su potencial, difícilmente podrá gestionarlos y comprender a los demás.

Es esencial la combinación de sabiduría y conocimiento técnico; del entorno y la organización. Y esa sabiduría es una fusión entre inteligencia y escoger el momento, viendo y percibiendo la oportunidad para la acción, siempre desde la calma, pero con agilidad.

Tal y como apuntaba Daniel Goleman, las reglas del juego en el ámbito empresarial están cambiando y se nos juzga según normas nuevas. Ya no solo importa la preparación y la experiencia, sino la manera en que gestionamos tanto nuestra implicación como la de los demás. «El liderazgo no tiene que ver con el control de los demás, sino con el arte de persuadirles para colaborar en la construcción de un objetivo común», dice Goleman.

Es tiempo de incrementar nuestro grado de conciencia, de cuestionarnos las cosas para evolucionar, de desarrollar aptitudes de apertura, de movilizar e inspirar a otros en la búsqueda de resultados más allá de los inmediatos. Pero sobre todo es tiempo de reflexión para pasar a la acción.

Tiempo de reflexión

- Dejando a un lado las frustraciones cotidianas, ¿qué aspecto de tu trabajo te causa mayor insatisfacción?

- ¿Cuál es la cuestión que tienes simpre en mente y que te preocupa más?

- Si tuvieras que marcarte un propósito en la vida, ¿cuál sería?

- ¿Cuál es tu misión?[1]

---

[1] La misión corresponde al propósito de vida, es decir, aquello que quieres lograr en la vida, expresado de forma concreta y específica.

- ¿Cuál es tu visión?[2]
- ¿Cuáles son tus valores? ¿Y los de tu empresa? ¿Hay coherencia?
- ¿Qué quieres conseguir a corto (tres meses), medio (seis meses) y a largo (quince meses) plazo? Enumera tres objetivos que sean alcanzables y realistas.
- En el trabajo, ¿durante cuánto tiempo te muestras positivo y durante cuánto tiempo negativo? Analízate a lo largo de un día y toma nota de los pensamientos más recurrentes.
- ¿Cómo te definirías en tres palabras?

En este tiempo de reflexión, si te apetece saber más sobre el síndrome del impostor contado en primera persona, te animo a que veas este vídeo de Michelle Obama.

Sigue este enlace o escanea el QR: https://youtu.be/dumm_XfHkmY?si=fqv_giVp5VeAPmvF	

Y disfruta de estos siete minutos junto a Maya Angelou:

Sigue este enlace o escanea el QR: https://www.youtube.com/watch?v=5yFkV4rRywg	

Tiempo de acción

En las siguientes tres actividades conocerás el Test del síndrome del impostor que la doctora Clance desarrolló para ayudar a las personas a determinar si tienen o no esas características. Está en su versión original. Toma nota de los resultados.

---

2 La visión es una parte más emocional, donde defines tus valores y de qué manera los aplicarás para cumplir tu misión.

Por un lado, hay una actividad llamada Mi identidad: tu identidad pública, cómo te ven otras personas y, por otro, la realización profesional a través del modelo GROW. Es esencial que tras recibir las respuestas anotes tus conclusiones.

Test Clance IP Scale

Sigue este enlace o escanea el QR:
https://paulineroseclance.com/pdf/IPTestandscoring.pdf

Actividad 1: Mi identidad

Esta es una práctica que probablemente te sorprenda al inicio y mucho más las respuestas. Pregunta a dos personas de tu familia, dos amigos o amigas y dos personas de tu trabajo (que formen parte de tu equipo o supervisen tu trabajo) sobre tus tres mayores fortalezas y tus tres áreas de mejora. Pídeles que reflexionen sobre ello y te lo envíen (WhatsApp, *email*…).

Actividad 2: Modelo GROW

G – *Goal* (objetivo)

R – *Reality* (realidad)

O – *Options* (opciones)

W – *Will* (voluntad)

En esta segunda actividad emplearemos el modelo GROW, creado por Sir John Whitmore en los años 80, para avanzar en la consecución de tus objetivos. La clave es que los tres objetivos que te has propuesto en el primer ejercicio de reflexión no solo sean SMART (específicos, medibles, alcanzables, realistas y en un horizonte temporal), sino motivadores, inspiradores y retadores.

Tras poner sobre la mesa tus objetivos, avanza en el modelo GROW.

- *Goal* (**Meta**). En este primer punto, cuestiónate qué quieres. Es muy importante que los objetivos te los planees en clave positiva.

- *Reality* (**Realidad**). El segundo paso será definir cuál es tu situación actual. Diagnostica qué te separa de tu meta, qué te impide alcanzar y los obstáculos que encuentras.

- *Options* (**Opciones**). En tercer lugar, valora las diferentes opciones: ¿cuál de ellas está más a tu alcance?, ¿qué pasos tendrías que dar para alcanzarla? En tus planteamientos, ten siempre un plan B e incluso un plan C.

- *Will* (**Voluntad**). Finalmente, llega el momento de que valores tu voluntad y determinación para conseguir tus objetivos y tu compromiso. Recuerda: un objetivo sin plan no es un objetivo sino un deseo.

Es importante que avances poco a poco por el modelo hasta plantearte tu plan de acción. Por pequeños que te parezcan los pasos, serán grandes al verlos desde la distancia. No olvides escribir tus avances y poner fecha para que puedas comprobar su cumplimiento.

Figura 1.1. Modelo GROW

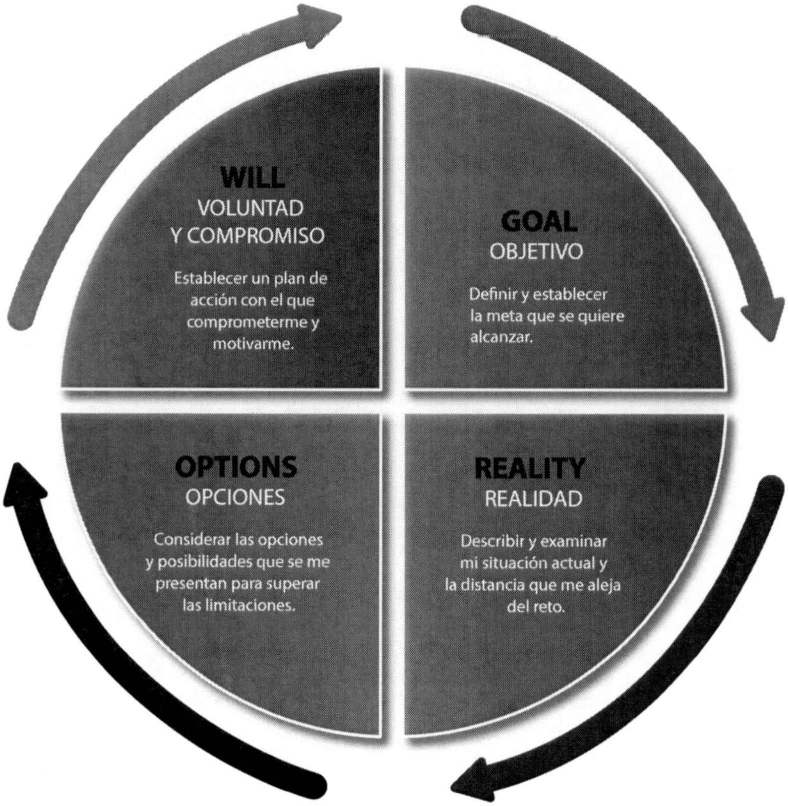

WILL
VOLUNTAD
Y COMPROMISO

Establecer un plan de
acción con el que
comprometerme y
motivarme.

GOAL
OBJETIVO

Definir y establecer
la meta que se quiere
alcanzar.

OPTIONS
OPCIONES

Considerar las opciones
y posibilidades que se me
presentan para superar
las limitaciones.

REALITY
REALIDAD

Describir y examinar
mi situación actual y
la distancia que me aleja
del reto.

Fuente: Sir John Whitmore (2010).

2

Muéstrate como eres

«No tengo ningún talento en especial;
solo soy apasionadamente curioso».

ALBERT EINSTEIN

En Real Academia Española (2014):
Autenticidad
1. f. Cualidad de auténtico.
1. adj. Acreditado como cierto y verdadero por los caracteres o requisitos que en ello concurren.
2. adj. coloq. Consecuente consigo mismo, que se muestra tal y como es.

En este mundo de personas para personas, el liderazgo adquiere otra dimensión. Este término lleva asociadas ideas como iniciativa, confianza, valor, cuidado y compasión; necesarias hoy pero no suficientes para lo que demanda esta nueva década. El líder ya no es un profeta ni un jefe que no comparte, sino quien conduce la transformación en tiempos donde las aguas no están en calma.

El Instituto de Liderazgo para la Sostenibilidad (CISL) de la Universidad de Cambridge publicó un informe en 2020 en el que afirmaba que «las personas importan. Las personas son la base de los sistemas: las organizaciones resilientes no pueden existir sin personas resilientes, por lo que tenemos que entender qué se necesita para mejorar la resiliencia física, emocional y psicológica e invertir en el bienestar de las personas» (CISL, p. 5).

Un nuevo sistema de liderazgo más flexible y ágil en la implantación de cambios para acoplarse a la realidad se impone y se adapta a un mundo que ya no es ni se siente el mismo. Tal y como afirman Mortensen y Gardner (2022), el líder que quiere y busca garantizar el bienestar de los empleados proporciona vínculos estrechos entre las personas y facilita seguridad personal incluso en situaciones de crisis globales, tal y como se define el contexto actual.

Muchos son los estudios, los libros y las investigaciones enfocadas a profundizar e intentar captar la esencia del líder. Pero ¿cuál es la clave de ese gran valor intangible? ¿Cómo debe ser el líder en tiempos revueltos? ¿Qué cualidades y habilidades demanda la nueva sociedad?

Tantos estilos como contextos pide la historia

El liderazgo ha sido estudiado durante décadas desde diversas posturas y áreas de conocimiento con abundantes enfoques, escuelas, modelos y publicaciones. No obstante, resulta complejo el ejercicio de unificar su conceptualización y caracterización, debido a la pluralidad de perspectivas. Sin pretender hacer un amplio análisis semántico, antes de entrar en materia, haremos un repaso por algunos de estos estilos y visiones tan importantes que nos dejan algunos autores a lo largo de la historia para comprender cabalmente la dimensión y la dificultad de aunar criterios.

En 1978, el historiador y politólogo estadounidense James MacGregor Burns, ganador del Premio Nacional del Libro y reconocido con el

Premio Pulitzer, describió en su libro *Leadership* una serie de cualidades que conformaban un tipo de liderazgo empresarial que se comenzaba a valorar en el ámbito de la empresa.

Aunque no fue el primero en acuñar el término *liderazgo transformacional*, sí dedicó parte de su carrera profesional a desarrollar este concepto. Según Burns, el *liderazgo transformacional* es aquel cuyo líder es capaz de inspirar a los empleados, que lo siguen por sí mismos. Es un tipo de liderazgo que contribuye a crear un cambio positivo entre los trabajadores a través de una máxima: la motivación. La persona líder escucha, comprende, observa, está pendiente y hace partícipe a su equipo de los éxitos alcanzados. Consecuentemente, hay más compromiso y conciencia de grupo, y el rendimiento del equipo mejora porque a las personas que forman parte de la organización se las estimula intelectualmente y dejan de ser vistas como una herramienta para ganar dinero.

Por el contrario, en el *liderazgo transaccional*, otro concepto desarrollado por Burns, el directivo tiene que empujar a su equipo para obtener resultados y se sirve del sistema premio-castigo para generar motivación y entusiasmo. Esta forma de gestionar equipos busca mantener la estabilidad en la organización sin cambiar demasiado los métodos del negocio a través de prácticas claras y estandarizadas como el aumento de productividad o el cumplimiento de tareas y reglas existentes.

Aunque el término *liderazgo* ya se empleaba en la década de los 70, no fue hasta 1995 cuando Lee G. Bolman y Terrence E. Deal se alejaron de las teorías y las escuelas del momento y llevaron la palabra *líder* hacia un territorio inexplorado. Proponían pensar en *líder* como la palabra que describe al sujeto que conduce a viajeros por un camino, proporcionando ayuda y seguridad, haciendo que disminuya el temor a la incertidumbre y a los peligros propios del trayecto. Introdujeron el espíritu, el alma y el corazón como elementos centrales para un liderazgo exitoso y significativo. «El corazón, la esperanza y la fe, arraigados en el alma y el espíritu, son necesarios para que los gerentes de hoy se conviertan en los líderes del mañana», recoge el libro *Liderazgo con alma*.

En la década de los 90, el término *liderazgo* empezó a imponerse y valorarse en las empresas. Nació una nueva definición de líder: aquella persona que se encuentra en el sitio adecuado en el momento preciso y con las cualidades necesarias para satisfacer las necesidades que sobrevienen.

Durante estos años destaca el trabajo desarrollado por Howard Gardner —ideólogo de la *teoría de las inteligencias múltiples*— y Emma Laskin (1998), quienes apuntaron que el líder es capaz de influir, de manera directa, en los actos y emociones de otras personas, entendiendo el liderazgo como una capacidad que se aprende de forma continua.

En una línea similar de pensamiento, Ken Blanchard (2007) subraya este mismo concepto como la habilidad de algunos para influenciar a otros haciendo uso del poder y de las capacidades de los seres humanos para alcanzar resultados. A lo largo de su trayectoria, este autor destaca por haber contribuido a que se entiendan mejor los aspectos que condicionan la actividad del líder, entre ellos la capacidad de adaptar diferentes estilos de liderazgo a las diferentes situaciones y personas.

Dale Pfeifer y Brad Jackson (2008) incorporan el concepto de *líder creativo transcultural* como aquel que respeta culturas muy diferentes; construye asociaciones transculturales basadas en la confianza, el respeto y la obligación mutua; participa activamente en la resolución de problemas interculturales; y ayuda a levantar nuevas culturas basadas en proyectos, redes y organizaciones transitorias.

Las grandes contribuciones al campo del liderazgo no pueden obviar a Daniel Goleman, el gran gurú de la *inteligencia emocional*, quien fue el primero en presentar este término al gran público en su libro homónimo, donde propuso la idea rompedora de que la gestión positiva de las emociones es más determinante para el éxito en la vida que el coeficiente intelectual.

Su teoría, de la que hablaremos más en detalle en el capítulo cuatro, aporta un interesante enfoque, afirmando que una persona muy inteligente puede que no tenga tanto éxito como una persona con menor coeficiente intelectual, pero con mayor inteligencia emocional. Goleman sugiere que las emociones son impulsos, que cada una de ellas ofrece una disposición definida a actuar, y que la conciencia de uno mismo va ligada a la empatía, entendida como la habilidad de saber lo que siente el otro, pero construyéndose sobre la conciencia de uno mismo.

La literatura de liderazgo más reciente reconoce la necesidad de hacer crecer al líder de dentro hacia fuera, fortaleciendo la personalidad, la conciencia de sí, el valor. Así, la piedra de toque de la obra de Susan Wright y Carol MacKinnon (2015) destaca el *coaching* como un estilo de liderazgo que requiere una serie de habilidades que los gerentes deben implementar. El *coaching* ya no es solo una herramienta para el *coach*, sino que es una profesión que nace del cambio y brinda habilidades para liderar de forma efectiva. Para Wright y MacKinnon ser un buen *coach* implicar saber quiénes son antes de tener éxito liderando a otros.

En la amplia gama de definiciones, análisis y perspectivas de y sobre liderazgo que acumula la literatura, hay tres componentes básicos que comparten las diferentes interpretaciones de la noción: el liderazgo significa tomar la iniciativa, involucrar a otros y dirigir los recursos y los comportamientos hacia determinados objetivos (Dartey-Baah, 2015). Y en ese «involucrar a otras personas» es inevitable o quizás conveniente por lo menos preguntarse si el bienestar de la persona que lidera provoca en las demás personas una mayor involucración). O, quizás planteado de manera más sencilla, aunque quizás mucho más compleja de responder, ¿es la felicidad de los líderes sinónimo de un mejor liderazgo? ¿Los líderes felices comprenden mejor a sus equipos? ¿Lideran mejor? La felicidad ha sido analizada desde innumerables ángulos a lo largo de la historia: desde cómo alcanzarla hasta sus consecuencias, efectos y derivaciones.

Como afirma el Dr. Rafael Ravina, si bien la idea de felicidad ha sido una preocupación fundamental de los filósofos desde siempre, en la actualidad se maneja desde múltiples vertientes novedosas. Las dos dimensiones generalmente más utilizadas de la felicidad son, por un lado, la *eudaimonia,* que tiene que ver con la satisfacción que genera el cumplimiento con las normas éticas por excelencia; se logra a través de la autorrealización y la búsqueda de un propósito más profundo en la vida. Por otro, la *hedonia*, dimensión que tiene que ver con la sensación de bienestar que provoca el placer inmediato.

Comienza el capítulo 1 *Sobre la felicidad. De vita beata* de Lucio Anneo Séneca así:

> Todos los hombres, hermano Galión, quieren vivir felices, pero al ir a descubrir lo que hace feliz la vida, van a tientas, y no es fácil conseguir la felicidad en la vida, ya que se aleja uno tanto más de ella cuanto más afanosamente se la busque; si ha errado el camino, si este lleva en sentido contrario, la misma velocidad aumenta la distancia (p.11).

Todas estas miradas demuestran cuánto ha cambiado el rol de la persona que lidera según variables históricas, sociales y culturales. En cualquier caso, independientemente de las posturas, el líder es alguien que inspira, motiva e influye, que proporciona ayuda y seguridad, que promueve un modelo donde las redes colaborativas toman relevancia, con un enfoque organizaciones más abierto, más flexible, más fluido. Cada vez con más frecuencia se analiza e investiga el término *felicidad organizacional*, y son muchas las personas investigadoras que afirman que las empresas que buscan brindar a sus trabajadores condiciones basadas en un modelo de felicidad organizacional logran personas más comprometidas, con un mejor desempeño además de una mejor rentabilidad.

En las siete palabras de Joseph, Dhanani, Shen, McHugh y McCord (2015 p. 558), «A happy leader is a good leader», hay una rotunda declaración de intenciones. Los líderes de hoy deben reconstruirse, reimaginarse y trabajar en el empeño de su propia felicidad para ser y hacer felices a sus equipos.

Todos los caminos conducen al líder resiliente, movilizador e integrador

La historia ha demostrado la importancia de una persona motivadora en el mundo empresarial, alguien con quien el equipo siente que trabaja a gusto y anhela sus valores; alguien que prepara para afrontar transformaciones y para lograr cohesión sobre la base de la honestidad y la valentía. El papel de la persona líder se considera actualmente una fuente competitiva en las organizaciones por su capacidad de impactar en el desempeño individual y colectivo.

Sin embargo, es esencial abordar el fenómeno desde una perspectiva más integradora, superando la tendencia a la segmentación y fragmentación que han presentado las diferentes líneas de investigación estudiadas hasta el día de hoy. La necesidad de adoptar un nuevo estilo de liderazgo emerge de una nueva era, de un contexto cambiante, clave para crear organizaciones prósperas. El liderazgo debe estar en constante actualización dentro de las empresas, debe enmarcarse en una sociedad de evolución y cambio que demanda adaptarse en este tiempo de disrupción.

A partir de la actividad previa del autoconocimiento —en el que es esencial conocernos para potenciarnos, adaptarnos y mostrarnos desde la autenticidad—, emana un nuevo estilo de preguntas provocadas por las diferentes definiciones en la búsqueda de ir más allá: ¿qué acciones tiene que realizar una persona líder eficaz para llegar al éxito? ¿Cuáles son los rasgos definitivos que deben potenciarse de un líder? ¿Por dónde empezar? ¿Qué debe hacerse para tener una mejor relación con un equipo, para alcanzar su máximo nivel de compromiso? ¿Qué hacer en un momento de enorme incertidumbre cuando el equipo se desmorona? ¿Cómo deben afrontar los líderes el momento actual?

Probablemente de todas las ópticas se extraigan respuestas sumamente relevantes y los diferentes elementos deben tenerse en cuenta. Para ello, es muy importante tener modelos de referencia en los cuales inspirarse, pero, a la vez, mantener siempre la autenticidad sin caer en una imitación que suene falsa para los demás y para uno mismo. Muchas veces buscamos fuentes externas para inspirarnos cuando la respuesta, en realidad, está dentro de nosotros.

Si bien el equipo espera de un líder que sea fuerte siempre, verle exponer su parte más humana no le hace menos líder. Compartir dudas, preocupaciones o anhelos no es negativo ni por supuesto sinónimo de debilidad: lo humano humaniza; lo humano acerca. No obstante, de la misma forma que podemos mostrar inquietudes o incluso debilidades, también tenemos que saber sobreponernos y sacar nuestra capacidad de resiliencia.[3] Mirar hacia adelante, tener el espíritu de superación y extraer la energía de donde sea forma parte de la responsabilidad de gestionar un equipo. La persona líder deber inspirarse, aprender, renovarse y adaptarse siempre, pero sin perder la esencia, porque no desalentarse y mirar con optimismo el futuro será imprescindible para que el equipo le siga.

En esta búsqueda constante sobre cómo deben ser las características y competencias de los líderes, estas se muestran sumamente abiertas porque deben adaptarse al entorno, al momento, a la cultura de empresa y a los objetivos. Los principales elementos sobre la base desde la que se tiene que construir, reforzar y potenciar ese liderazgo son las personas y el entorno. Qué quieren, qué necesitan, qué anhelan o qué temen serán algunas de las grandes preguntas que determinarán nuestras dinámicas de actuación. La falta de experiencia en el rol no es el mayor desafío de alguien que comienza sus pasos como líder, sino la falta de conexión con las personas que integran el equipo y la no detección precoz de sus necesidades.

El paso natural del tiempo nos ha enseñado que la persona líder convive en una transición incansable en la que, a lo largo de la historia, ha pasado de mandar a guiar, de gestionar a acompañar, de oír a escuchar, de comprender a ponerse en la piel del otro. Y en esa fase transitoria, en la que la confianza y la resiliencia están en el primer plano, el líder debe tener la capacidad de movilizar, empoderar a su equipo, ayudar a hacer brillar talentos, conseguir que el equipo sea y se sienta responsable y comprometido con la empresa.

De esta forma, el líder resiliente, movilizador e integrador es aquel que mira al futuro y refuerza el talento; que permite que las personas trabajen y aprendan juntas para crear valor. En el siglo XXI está llamado a afinar la mirada para moverse firme y decidido: a hacer de la resiliencia su pilar fundamental y a guiar brindando no solo confianza, sino también apoyo para crecer, para crear y hacerse fuertes incluso en la

---

[3] Resiliencia: Capacidad para afrontar y adaptarse levemente con resultados positivos a las adversidades que se presentan.

incertidumbre, en un camino orientado a la acción que solo se transita en equipo: la colaboración. Un líder movilizador es el que consigue provocar cambios, generar confianza y, sobre todo, propiciar, además de empatía, formas de comunicar desde la autenticidad, la reflexión y la autoconfianza.

Porque ser conductor con gran sentido de equipo significa también armonizar los intereses de grupo, impulsar actividades y moderar las apetencias particulares. Para un líder es fundamental convencer y no vencer; transmitir la ilusión y cortar el conformismo; sumar y aglutinar las partes buscando su encaje; crear un sentimiento de pertenencia, pero también de responsabilidad, cooperación, talento e inteligencia colectiva. El equipo ya no espera instrucciones, sino que aporta maneras de hacer para un objetivo y propósito que saben y sienten común.

El modelo STAR: cómo visualizar nuestras competencias

Conocer al Dr. Martin Seligman fue para mí toda una revelación. Tuve la oportunidad de ser su invitada en la Universidad de Pensilvania. A lo largo de los días sentí un profundo y enorme respeto hacia este profesor que me reveló algo que no esperaba que me influenciara para el resto de mi vida. Hablar de Seligman es hablar de una nueva era en la psicología. Había leído y releído sus publicaciones pioneras en psicología positiva, cuya contribución en este campo es absolutamente relevante e innegable.

Las conversaciones con el Dr. Seligman fueron particularmente interesantes e inspiradoras por su manera de ver la vida desde un optimismo genuino. Y es que, tal y como afirma en su libro *Learned optimism*, los hábitos de pensamiento no tienen por qué ser eternos. Uno de los hallazgos más significativos de la psicología en los últimos 20 años es que los individuos pueden elegir la forma en que piensan. Y este pensamiento se nutre del interés por el conocimiento de los demás. Me emocionó profundamente su forma de interactuar con los estudiantes, con una curiosidad innata por escucharlos, aprender, saber y entender su mente.

La cita «no tengo ningún talento en especial; solo soy apasionadamente curioso», de Albert Einstein, me ha acompañado en mis clases y conferencias a lo largo de toda mi vida, y sin embargo a partir de mi experiencia con Seligman se ha hecho más poderosa que nunca.

Un líder que no es curioso deja de aprender y evolucionar. En realidad, nacemos curiosos: desde la mirada hasta las preguntas sin filtro. Y, sin embargo, en algún momento de nuestra vida parece que perdemos esa desinhibición infantil y empezamos con los miedos y las vergüenzas. Si dejamos de preguntar y preguntarnos, sin ese aprendizaje vital y constante, nos situaremos en una zona de comodidad, lo que puede significar la desactualización completa de la profesión.

Basándonos en las cualidades descritas a lo largo del capítulo dos, el **modelo STAR** aúna las competencias directivas en un entorno como el actual, profundamente cambiante y complejo, en el que la tecnología, la diversidad, la inclusión, la orientación a las personas y el desarrollo sostenible deben ser impulsados por las empresas y por las personas que las lideran, independientemente de su sector, mirando hacia un futuro nuevo. La persona líder debe tener la capacidad de movilizar hacia la colaboración, la cooperación, la movilización. Reforzar, potenciar, trabajar y hacer brillar una serie de características, siempre desde la autenticidad, haciéndolas suyas. Así, distinguimos entre:

1. **Características intralíder**, internas a la persona, que comienzan desde la autogestión y facilitan la conexión persona-organización, necesarias para guiar, acompañar a otras personas.

2. **Características extralíder**, externas a la persona, que implican la manera en la que se desenvuelve, desde la visión de negocio hasta la conexión con las personas.

Figura 2.1. Modelo STAR

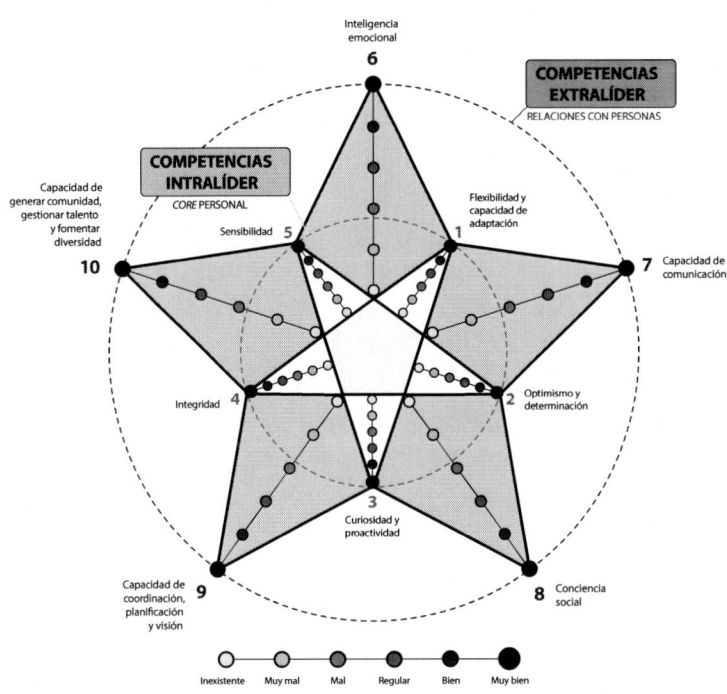

Fuente: Elaboración propia.

Competencias intralíder	Competencias extralíder
1. Flexibilidad y adaptación	6. Inteligencia emocional
2. Optimismo y determinación	7. Capacidad de comunicación
3. Curiosidad y proactividad	8. Conciencia social
4. Integridad	9. Coordinación, planificación y visión
5. Sensibilidad	10. Capacidad de generar comunidad, gestionar talento y fomentar diversidad

1. FLEXIBILIDAD Y CAPACIDAD DE ADAPTACIÓN

Capacidad para adaptarse y trabajar en distintas situaciones con personas diversas. Es la habilidad para ser flexible en medio de distintos entornos laborales, y constantes cambios, frente a los que el líder está llamado a entender y a valorar posturas distintas o puntos de vista encontrados.

2. OPTIMISMO Y DETERMINACIÓN

Percibir el lado amable de la vida y tener una existencia más satisfactoria, enfrentándonos a los obstáculos cara a cara y mostrar resistencia a los fracasos con coraje y agallas.

3. CURIOSIDAD Y PROACTIVIDAD

Tener el deseo de saber, averiguar e impulsar formas de buscar nueva información, experimentar y explorar nuevas posibilidades. Anticiparse a las situaciones que puedan acaecer, decidir hacia dónde orientar el cambio y tomar el control.

4. INTEGRIDAD

Mostrar no solo lo que hacemos, sino también lo que somos. Forjar confianza, honestidad y sinceridad ayudará al líder no solo a ser listo, sino a tener credibilidad.

5. SENSIBILIDAD

Ser receptivo y capaz de apreciar diferentes detalles de lo que ocurre a nuestro alrededor, lo cual nos permite obtener equilibradas conclusiones desde distintas perspectivas. Conectarnos de manera profunda con las ideas, opiniones, eventos, sucesos o circunstancias; y, por supuesto, con las percepciones, necesidades, emociones, sentimientos y cambios de las personas involucradas.

6. INTELIGENCIA EMOCIONAL

Gestionar las emociones desde la calma, no perder el control y dominar la situación a través de la conexión y la escucha con el equipo. Solo los líderes emocionalmente inteligentes contribuyen, desde su esencia y no desde su ego, a potenciar el talento de las personas.

7. CAPACIDAD DE COMUNICACIÓN

Asegurar que la información que transmitimos sea siempre bien entendida. Un buen líder tiene que saber escuchar y hacerse escuchar; expresar claramente sus objetivos, estar presente, utilizar el momento para mostrar una conducta ejemplar e inspiradora.

8. CONCIENCIA SOCIAL

Gestionar las relaciones a través de la inspiración, la influencia y el desarrollo personal de los demás. Fomentar la innovación, la transformación y la gestión del cambio y del talento con base en principios como la sustentabilidad y la equidad.

9. CAPACIDAD DE COORDINACIÓN, PLANIFICACIÓN Y VISIÓN

Influir, motivar, orientar, monitorizar y acompañar al equipo en cada etapa de los procesos que emprenda; tender a cualquier tipo de compromiso o responsabilidad.

10. CAPACIDAD DE GENERAR COMUNIDAD, GESTIONAR TALENTO Y FOMENTAR DIVERSIDAD

Promover y cultivar el talento individual y colectivo; fomentar el compromiso hacia un propósito común; preparar las condiciones más apropiadas en entornos cambiantes para que se consigan los objetivos, suscitando el crecimiento de las personas y de la organización. Transmitir una actitud integradora que sea reflejo de los valores de la sociedad actual, heterogénea e inclusiva.

La sociedad actual, llena de incertidumbres, de retos y oportunidades, necesita líderes que se atrevan a replantear los pasos que dan, a repensar y reimaginar sus maneras de hacer, de gestionar y de implicar a las personas que los rodean en las organizaciones. Centrarse en cuidar a las personas no debe ser parte de una estrategia de atracción vacía, sino de una manera de entender, de hacer y de gestionar personas en las organizaciones.

Tiempo de reflexión

Comienza tu tiempo de reflexión y de acción.

Mi sugerencia es escribir en ese cuaderno que te proponía al inicio. Consciente de que a veces da cierta pereza ponerse a buscar un cuaderno y arrancar, te contaré algo sobre el mágico poder de escribir. Y es que escribir tiene un poder transformador. No solo ordena las ideas y los conceptos; ayuda a tomar perspectiva, a llamar a las musas de la creatividad y tiene, sin duda, algo (o mucho) de terapéutico. Voltaire dijo: «La escritura es la pintura de la voz».

- ¿Qué te ha traído a este libro?
- ¿Qué te ha llevado a estar en este punto de tu carrera profesional?
- ¿Cuál es tu situación concretamente?
- ¿Cuál es el motivo de este hecho? Vuelve a hacerte esta pregunta.
- ¿Qué has hecho hasta ahora y con qué resultados para modificar tu posición?
- ¿Qué te ha impedido hacer más?
- ¿Cuáles son tus características personales, motivaciones e intereses?
- ¿Cuáles son tus obstáculos fundamentales para seguir creciendo?
- ¿Cuál sería el primer paso que podrías dar para mejorar el punto en el que estás?

Tengas la responsabilidad que tengas en el trabajo, CEO del futuro este artículo, Lecciones del Foro de Liderazgo, de McKinsey, puede ser inspirador para comprender el contexto, las necesidades y las expectativas.

Sigue este enlace o escanea el QR:
https://www.mckinsey.com/featured-insights/destacados/ceos-del-futuro-lecciones- del-foro-de-liderazgo-de-mckinsey/es

Tiempo de acción

Modelo STAR

Reflexiona sobre cada competencia. Piensa en ejemplos, situaciones y valora del 1 al 10 tus competencias intralíder y extralíder. Une los puntos como se muestra en el siguiente ejemplo. Una vez que lo hayas hecho, es importante que reflexiones sobre el resultado de los aspectos que debes potenciar y reforzar.

Figura 2.2. Modelo STAR y ejemplo de ejecución

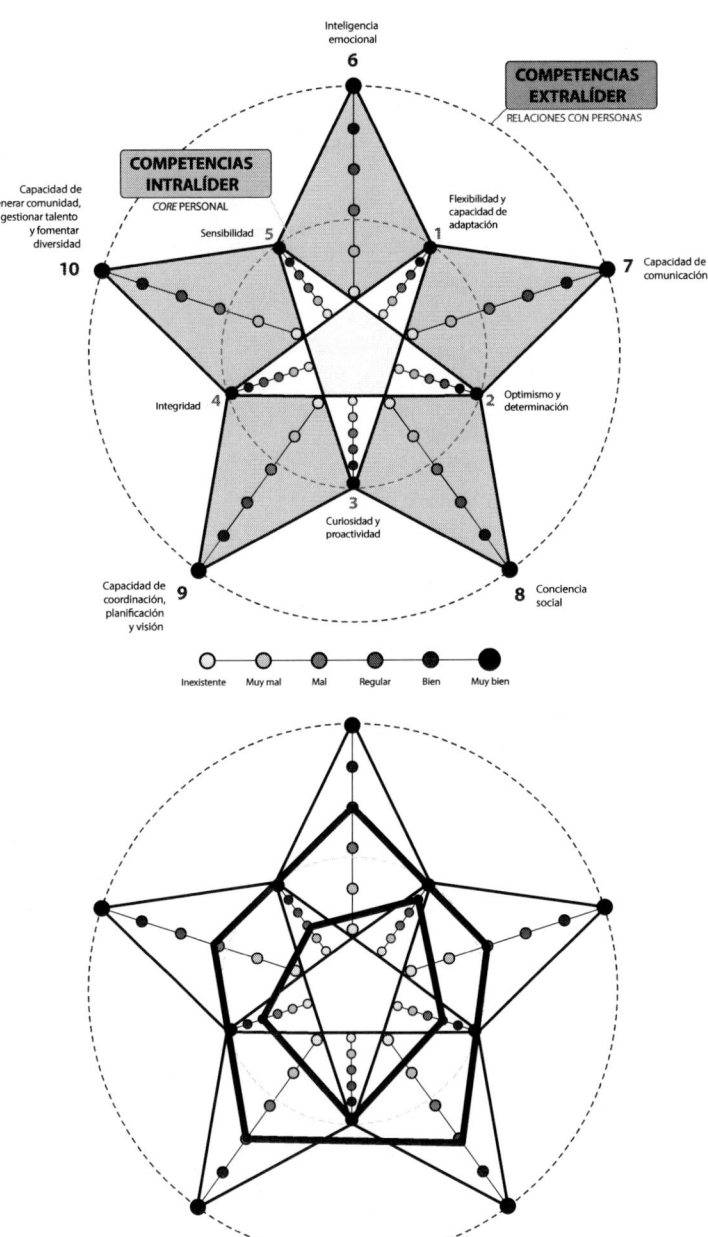

3

Cuida el talento

«No existe gran talento sin gran voluntad».

HONORÉ DE BALZAC

En Real Academia Española (2014):
Talento
1. m. Inteligencia (|| capacidad de entender).
2. m. Aptitud (|| capacidad para el desempeño de algo).
3. m. Persona inteligente o apta para determinada ocupación.

Los cambios a menudo llegan de forma imprevisible y ponen en evidencia las limitaciones y los riesgos humanos, sociales y económicos. Auténticos estragos sanitarios, cambios demográficos en un mundo que envejece, desglobalización en una sociedad hiperglobalizada, la crisis del capitalismo en un sistema endeudado, la huida de talento entre jóvenes sobrecualificados, y avances tecnológicos y digitales vertiginosos que nos mueven hacia el teletrabajo están teniendo enormes implicaciones en las organizaciones.

Toda situación incierta y volátil afecta al conjunto de la población, desde los recién nacidos hasta las personas más mayores, pero acecha en especial a una generación que, arrollada por dos crisis en menos de una década, se ha visto obligada a postergar su carrera profesional.

Tanto la pandemia como la crisis económica de 2008 eliminaron el primer peldaño de la escala de empleo para muchos jóvenes talentosos —probablemente los más preparados de la historia—, que sin más remedio tienen que enfrentarse a un futuro incierto parece que poco prometedor. La denominada «generación perdida», —cuando en realidad deberíamos llamarla «generación que estamos dejando perder»— parece estar volviendo a la casilla de salida.

El propio secretario general de Naciones Unidas, António Guterres (2020), urgió a todos los países durante el confinamiento de 2020 a «aprovechar el talento» de los jóvenes para abordar la crisis y sus consecuencias: «El mundo no se puede permitir una generación de jóvenes perdida, sus vidas echadas para atrás y sus voces sofocadas por la falta de participación. Hagamos mucho más para aprovechar sus talentos …».

Decía Einstein, tal y como cita Walter Isaacson en *Einstein. Su vida y su universo*: «La ventaja competitiva de una sociedad no vendrá de lo bien que se enseñe en sus escuelas la multiplicación y las tablas periódicas, sino de lo bien que se sepa estimular la imaginación y la creatividad». Y, me pregunto, ¿se puede ser creativo e innovar en el trabajo cuando no se apoya ni se valora el talento?

Pensar sin miedo

El miedo atenaza y muchas personas que se sienten abrumadas, desesperanzadas y con la autoestima minada tienen serias dificultades para avanzar. La realidad de nuestro mundo cotidiano ha puesto de manifiesto la fragilidad del talento en el seno de las empresas: los obligados recortes de plantilla, el control como herramienta para valorar el teletrabajo y el estancamiento laboral han puesto en jaque el desarrollo de la gestión empresarial.

Talento y energía son hoy en día dos palancas que las empresas deben abrazar en clave de oportunidad para superar este bache y visualizar la experiencia, el acompañamiento y la formación. Existe un talento extraordinario pero dormido por la incredulidad de las intenciones, y a las personas que lideran equipos les toca despertarlo y hacerlo brillar. El talento individual junto a un equipo suma y esa suma puede dar resultados extraordinarios.

No obstante, esta generación privada de oportunidades es la misma que demuestra estar comprometida con la responsabilidad social y tener una gran capacidad de adaptación en asumir y gestionar los cambios según pasan, mirando el presente y buscando soluciones para el futuro inmediato, surfeando las olas que impiden fondear.

En un mundo que necesita asumir la transformación como un imprescindible para la subsistencia del negocio, cualidades como flexibilidad, adaptación y resiliencia determinarán el compromiso con la empresa.

Idalberto Chiavenato en su libro *Gestión del talento humano* (2009, p. 8) afirma:

> Se trata de una nueva visión de las personas, ya no como un recurso de la organización, como objetos serviles o simples sujetos pasivos del proceso, sino fundamentalmente como sujetos activos que toman decisiones, emprenden acciones, crean innovaciones y agregan valor a las organizaciones. Es más, la persona es vista como un agente proactivo, dotado de visión propia y, sobre todo, de inteligencia, que es la mayor de las habilidades humanas, la más avanzada y sofisticada.

Para competir en un entorno dinámico con transformaciones profundas y aceleradas, se requiere un cambio radical en las creencias, las costumbres y los valores de la empresa, donde las personas líderes deben volcarse con sus equipos y adoptar una visión de mayor apertura y flexibilidad ante el cambio. Para lograrlo, el talento y el compromiso deben ser valores diferenciales capaces de cambiar las reglas del juego.

La gestión de personas es capaz de determinar el éxito de las empresas. El cambiante contexto y el desarrollo de nuevas tecnologías, así como el surgimiento de nuevas formas de trabajar en los diferentes ecosistemas empresariales, plantea profundos desafíos para la captación del talento y la determinación de roles dentro de las organizaciones.

Peter Cappelli (2008), profesor en la Universidad de Pensilvania, advierte, en uno de sus artículos sobre talento en el siglo XXI, de la necesidad de encontrar nuevas vías de gestión:

> Los errores en la gestión del talento son una fuente constante de dolor para los ejecutivos de las organizaciones modernas. En la última generación, las prácticas de gestión del talento han sido en general disfuncionales, lo que ha llevado a las empresas a pasar de excedentes de talento a déficits, y viceversa. Es hora de adoptar un enfoque fundamentalmente nuevo para la gestión del talento que tenga en cuenta la gran incertidumbre que enfrentan las empresas en la actualidad, (...) un modelo que se adapte mejor a las realidades actuales.

Estas afirmaciones hechas en 2008 siguen vigentes hoy en día. Las organizaciones están —y saben que así debe ser— cada vez más sensibilizadas en su papel para sacar lo mejor de las personas. Pero ¿qué es el talento? ¿Con qué cuenta un profesional con talento? ¿Qué aptitudes y habilidades demandan las empresas? Antes de dar respuesta a estas cuestiones, Pilar Jericó nos da pistas de los ingredientes básicos para conseguir el éxito.

- **Capacidades:** Actitudes, competencias, conocimientos, habilidades que constituyen la base del talento.

- **Compromiso:** Vínculo basado en su grado de implicación emocional e intelectual con la organización.

- **Acción:** Actuar de forma veloz e innovadora, en consecuencia, para los resultados que se desean obtener.

Una persona profesional será *capaz* cuando ponga en práctica sus conocimientos, habilidades y competencias. La involucración total y el *compromiso* son el motor para que el profesional aporte lo máximo posible y no se marche a otra compañía. Y por mucha capacidad y compromiso que tenga, el talento se manifiesta definitivamente con la *acción*.

Figura 3.1. Composición del talento

Talento = Capacidades + Compromiso + Acción

Fuente: Jericó (2001).

El talento es esta capacidad que tenemos para hacer algo con un plus de ganas y pasión cuyo resultado hace que llegue a la excelencia. Todos poseemos de alguna manera algún talento y convivimos a diario con nuestras fortalezas, pero a veces no somos conscientes ni casi conocedores de ellas.

Estas fortalezas no tienen que ver con la formación ni la experiencia. De hecho, hay personas con un extraordinario talento que no tienen formación y que pueden ser una verdadera fuente de inspiración. Y es que el talento no es sinónimo de títulos, sino de voluntad, determinación y esfuerzo. Esa idea se *vincula con que las personas con talento actúan con pasión y emoción.*

Tanto la gestión del talento colectivo como individual serán las más eficientes para alcanzar los objetivos marcados a largo plazo. Como en el deporte, un equipo no es la suma de varias personas, sino la interacción entre individuos que crean algo nuevo, un nuevo sistema con identidad propia que es más que la simple suma de las partes. La unión de los miembros de un equipo da como resultado uno nuevo cuyas capacidades son distintas a las que cada persona tiene por separado.

La huida del talento

En los últimos años la gestión del talento se ha convertido en la piedra angular en muchas organizaciones. Cuidar, valorar, mimar ese talento es clave y, a menudo, aun siendo conscientes de su importancia, quizás por desconocimiento del valor que les aporta, las personas líderes lo desatienden.

Recuerdo perfectamente a una persona extraordinaria para la que trabajé. Era mi jefa directa, y creo que no era demasiado consciente del poder y la potente influencia que ejercía su manera de liderar: una gestión positiva que conseguía sacar lo mejor de las personas y desde luego supo sacar lo mejor de mí. A pesar de aflorarme pequeñas inseguridades ante nuevos desafíos, ella me proponía liderar proyectos de gran envergadura. De una manera sutil y sincera, me hacía un recorrido por todas las metas que había sido capaz de alcanzar y todo lo que podía aportar. Proyecto que asignaba, proyecto que era un éxito. Ahí es cuando no solo creí más en mis posibilidades, sino que comencé a acometer cada proyecto con alma y pasión.

Por el contrario, a lo largo de mi carrera profesional, en mi periodo de consultora y de facilitadora, con tristeza debo decir que he visto muchas organizaciones despreciando el talento casi a diario, sin darse cuenta decepcionaban a su activo más preciado y lo descuidaban.

Cuando la gente talentosa no está a gusto en su puesto de trabajo, pierde el interés. Aunque sean buenos, trabajen bien, inviertan horas, contribuyan al trabajo en equipo o participen en las reuniones, se encuentran en un proceso de agobio continuo. Esta pérdida de motivación y entusiasmo no es más que el paso previo que puede desembocar fácilmente en su marcha.

Como afirma Chiavenato, esta rotación de entrada y salida continua de empleados supone una pérdida de energía y recursos muy valiosos para una compañía, como el tiempo perdido tanto directa como indirectamente.

Cuando se descubre que una persona que forma parte de la empresa o un equipo carece de motivación, es preciso comprender las razones subyacentes, que pueden ser desde un mal ambiente laboral, conflictos internos o falta de confianza en la visibilidad de la empresa hasta el poco reconocimiento de los éxitos, la falta de realización profesional o la insatisfacción en la retribución.

Aunque a veces el origen de la marcha son las circunstancias laborales y no la propia persona que gestiona equipos, esta es la encargada de detectar estos problemas y resolverlos para retener el talento. La gran pregunta que cabe hacerse como líderes es cuánto talento hemos perdido y por qué.

Siempre me ha entristecido la expresión «fuga de talento» por todo lo que implica. La siento como dolor, como la sensación de que se pierde mucho más que la realización de las tareas de una persona. Es sinónimo de pérdida y de una mala gestión. Es inevitable que las personas busquen su camino, nuevos retos y proyectos. Pero cuando alguien del equipo se va porque no se siente bien, es fracaso de la persona que gestiona el equipo o del líder por no haber sabido detectar a tiempo, por no haber sabido entender, apoyar ni guiar.

En muchas empresas, al líder le cuesta vislumbrar el talento que hay detrás de personas que pasan de forma invisible, en gran medida porque no se escucha su voz; a veces por timidez, miedos o inseguridades de las propias personas; en otras ocasiones por prejuicios de quien debería escuchar. Pero en todos los casos hay un elemento en común: la pérdida de la oportunidad de encontrar potencial en personas que pueden hacer cosas extraordinarias si se las apoya, si sienten que pueden pensar sin miedo a errar.

No obstante, todavía existe la creencia de que esta fuga de talento es inherente al sistema, incapaz de ser revocado, cuando en realidad le corresponde al líder cuestionarse y reflexionar si existen formas para evitarlo. Si, además, traducimos esta fuga al coste económico, la empresa puede perder mucho más que una parte proporcional elevada del salario anual del trabajador fugado. Pero a veces no somos conscientes del valor que tenemos hasta que lo perdemos.

En un momento como el actual en el que los cambios avanzan con celeridad, las personas son las que marcan y marcarán la diferencia. No hay duda de que habrá puestos que serán sustituidos por máquinas —un hecho que no pertenece al futuro, sino al presente—. Sin embargo, las personas seguirán siendo las que aporten su creatividad, tomen decisiones, cuiden al cliente, comuniquen e innoven. En paralelo, las organizaciones deben tener una gran capacidad de adaptación y dinamismo en este entorno porque, aunque la era digital empuja a estas empresas a dar el salto y transformarse, la gestión del talento todavía sigue anclada en modelos que responden a necesidades diferentes a las de hoy.

Es importante para todo ello tener claro los grandes básicos: misión[4] y visión[5] de la empresa. Surgirán nuevas formas de hacer las cosas y, en ese resurgir, se hace necesario que en la organización se mantenga la mente abierta para el aprendizaje y la innovación, no solo en producto, sino en formas de hacer, gestionar y desarrollar el talento. Si la empresa tiene en su ADN aprender e innovar de manera constante para adecuarse al mercado y a sus clientes, sin duda es esencial preparar a sus equipos en consonancia, con la agilidad y el dinamismo de quien sabe a dónde se dirige.

Y en este contexto, las empresas tienen que ser cada vez más resolutivas para gestionar su capital humano, atraer, comprometer, cuidar y generar sentimiento de pertenencia entre sus trabajadores con experiencias convincentes, buscando el equilibrio; hacer que sientan como

[4] La misión es el propósito de la empresa, las razones por las que existe, su filosofía es su contribución con respecto a los clientes y la sociedad. En la declaración de misión, la empresa resume los grandes *qués*; su contribución los hace especiales con respecto a los clientes y a la sociedad.
[5] La visión de la empresa son los objetivos a largo plazo, la imagen ideal a la que se aspira, la realidad que le gustaría ver a la compañía en torno al mundo, sus clientes y ella misma.

suya la organización y la admiren por su coherencia. La gestión del talento no es intuición ni solamente buenas intenciones; es estrategia.

Afirma Torres (2023) en su revisión bibliográfica sobre la gestión del talento en el contexto actual que las organizaciones requieren de personas con capacidad de innovar para aportar valor a la tarea, construir y actualizar formas y estilos de hacer el trabajo, interpretar necesidades de los clientes. Requieren también transformar la planificación estratégica en metas corporativas concretas que faciliten competir en los mercados, generar rentabilidad e integrar el ser y el sentido de la responsabilidad social de la organización con el desarrollo socio cultural de los lugares en los que dichas empresas se encuentran inmersas.

La relación con una empresa funciona como un ciclo en el que el cuidado a la persona debe estar presente en todas las fases, desde antes de su llegada hasta el día que se marcha. Si duda, la capacidad de la organización para captar ese talento, estar a su lado durante su vida laboral y seducirla para fidelizarla en la empresa son desafíos indispensables hoy en día.

Figura 3.2. Ciclo de la relación con una empresa

Fuente: Elaboración propia.

1. **Atracción al puesto y reclutamiento:** En este primer paso del ciclo de vida laboral, la imagen de la empresa representa un papel crucial, así como lo que transmitan los propios empleados y empleadas de dentro y fuera de la empresa, porque el orgullo de pertenencia a la marca ayuda a atraer talento a la empresa. Si contamos con personas comprometidas e implicadas, aumentará la productividad y la eficiencia, mejorará el servicio al cliente y se potenciará la creatividad y la innovación.

2. *Onboarding* o **inducción:** Esta fase será clave para definir qué y por qué; transmitir la misión, la visión y los valores de la empresa de manera que le sean de inspiración a la persona y fomenten el compromiso; comunicar de manera clara y concisa nuestras expectativas; y acompañarla para saber cómo se siente y cómo podemos ayudarla.

3. **Desarrollo:** Las personas que están en la organización quieren seguir creciendo. Apostar por un plan de carrera profesional con propuestas creativas e innovadoras es una oportunidad para crear cultura de aprendizaje continuo y facilitar la capacitación profesional a través de nuevas oportunidades en la organización.

4. **Compromiso:** Para conseguir que la persona empleada quiera quedarse en la compañía y evitar que se vaya a empresas de la competencia, es necesario generar *engagement*, compromiso. Ayudar a que la persona colaboradora se sienta valorada en su puesto se consigue con el reconocimiento, políticas formativas, retributivas, etc.

5. **Desvinculación y salida:** El fin de ciclo, en ocasiones, se asocia a un momento complicado y, sin embargo, es una maravillosa oportunidad para que se puedan convertir en personas embajadoras de la empresa y contribuyan a consolidar su reputación. La forma en cómo se realiza la desvinculación de una o varias personas tiene un impacto directo en la credibilidad de la dirección, los procesos, los valores, la imagen, la cultura y los clientes.

No hay magia en la magia; todo está en los detalles

El equipo debe sentirse acompañado en cada etapa del ciclo laboral porque va a tener que dar el 150% en estos tiempos en los que el esfuerzo será un componente indispensable para salir adelante. Si no se cuida cada aspecto de la relación con las personas de la empresa, se desenamorarán por falta de estímulos, por la falta de cuidado. Y para que se enamoren, la transparencia y la empatía son cruciales. Hay que hacer sentir al equipo más allá de las palabras que es imprescindible y que forma parte del proyecto teniendo en cuenta factores absolutamente esenciales como el bienestar y la conciliación.

En este sentido, la posibilidad de *especializar y personalizar el trabajo* ayuda a potenciar esa visión de organización ideal. La personalización del trabajo no es más que estudiar las capacidades de las personas que trabajan en el equipo para adecuar el flujo de trabajo y las cualidades a su propia forma de trabajar y de vivir. La personalización aumenta la motivación profesional sencillamente porque la libertad que sienten las personas resulta un valor diferencial contundente. Uno de los grandes problemas de la gestión de personas es que muchos trabajadores terminan sintiéndose un simple número, algo que también ocurre con el trato al cliente.

Siempre que ayudo a un equipo, intento ir antes a la empresa, conocerla, entender su forma de trabajar, sentir su cultura de empresa. En esta ocasión fui como cliente misteriosa a un hotel de una importante cadena para entender cómo podía aportar. El primer día, encima de la mesa de la habitación me habían dejado tres bombones, pero no los cogí. El segundo día, cuando volví, había seis bombones: los tres del día anterior y tres más. Hasta que el último día tenía una pila enorme de bombones. No sentí que me mimaban, sino que era un número al que había que atender de una manera estipulada y escrita en una *check list* que ahuyentaba cualquier posibilidad de personalización.

En el mismo hotel, una de las personas que formaba parte del equipo de limpieza me contó que intentaba observar cada detalle del cliente porque sentía que su estancia allí debía ser memorable. En una ocasión, vio cómo en una habitación el cliente doblaba la almohada para hacerla más alta y, ella, al verlo, ese día le dejó dos almohadas más. Al día siguiente, el cliente había dejado una nota dándole las gracias por cuidar los detalles que de verdad importan.

Las mismas sensaciones que tenemos cuando vamos a un hotel o entramos a una tienda son las que el líder debe transmitir a su equipo. Buscamos experiencias que nos emocionen de verdad. Y en el querer hacer sentir, son los pequeños detalles los que marcan las grandes diferencias: el agradecimiento, el *feedback* que ayude a mejorar, ofrecer flexibilidad, propiciar oportunidades de crecimiento, interesarse de forma sincera, escuchar con interés.

Otra anécdota que nunca olvidaré y que he compartido en numerosas ocasiones con mis estudiantes fue cuando llegué a un hotel de Madrid un martes por la noche, más tarde de lo previsto por el retraso del vuelo; al día siguiente tenía que dar una conferencia. Lo que más me apetecía era sentirme como en casa y tomarme un colacao antes de ir a dormir, como hago todas las noches del año. Bajé al bar y le dije al camarero: «¿Me puede poner un colacao? Porque yo sin colacao no puedo dormir». Fue todo lo que le dije.

Al cabo de tres meses fui a otro hotel de distinta ciudad, pero misma compañía. A las nueve de la noche me llaman a la puerta y, cuando abro, una de las camareras me traía un colacao con galletas. No me acuerdo de la decoración de la habitación, ni la disposición de los muebles, ni siquiera del desayuno, pero este gesto se me quedó grabado. Desde luego alguien había hecho comprender y sentir la importancia de tener delicadeza por las cosas, y la persona que me atendió anotó mis preferencias desde esa convicción: la de que los detalles marcan la diferencia.

Junichirō Tanizaki, en su ensayo escrito en 1933 *El elogio de la sombra*, de una manera delicada celebra la vida de lo sutil. A través de su análisis de la estética japonesa tradicional, destaca cómo la valoración de lo que no es inmediatamente obvio puede llevar a una mayor comprensión y apreciación de la belleza en el mundo que nos rodea.

> Se ha dicho que la cocina japonesa no se come sino que se mira; en un caso así me atrevería a añadir: se mira, ¡pero además

se piensa! Tal es, en efecto, el resultado de la silenciosa armonía entre el brillo de las velas que parpadean en la sombra y el reflejo de las lacas.

En esta era de cambios fundamentales en la manera de vivir y de trabajar, más que nunca tiene que haber una evolución contundente en la gestión de las personas, valorando más allá de lo obvio, observando más allá de lo esencial. Su participación, implicación, realización para generar compromiso, confianza, una visión compartida de futuro y un compromiso social suponen pasos clave hacia una nueva filosofía en la que las personas buscan personas que guíen y acompañen, que ayuden a crecer, que se preocupen por sus equipos de manera genuina. Buscan empresas de las que sentirse parte y entornos en los que aportar. Que les proporcionen tiempo para sentir que viven. Es tiempo de evitar la fuga de talento poniendo al empleado en el centro, pero haciéndolo de manera genuina, sin maquillaje. Tenemos ante nosotros la oportunidad de repensar, rediseñar y reinventar un nuevo modelo integrador donde la autenticidad y el trabajo con alma sean el impulso hacía nuevos sueños. Es tiempo de aprender de las influencias sociales, de crear redes flexibles y trabajo inteligente y ágil.

Tiempo de reflexión

- ¿Cuál es tu responsabilidad como líder en la empresa? ¿Y con tu equipo?

- ¿Consideras que estás comprometido o comprometida al máximo? ¿Qué te frena? ¿Qué te impulsa?

- Como parte de la organización, ¿qué cambios estás observando en tu empresa?

- ¿Qué estás implementando y haciendo en estos tiempos de cambio?

- ¿Qué te piden las personas que trabajan junto a ti?¿ Qué pides tú o qué te gustaría pedir a la empresa?

- ¿Cuál está siendo el aprendizaje para la empresa?

- ¿Cuál está siendo tu aprendizaje?

Preguntas clave en la gestión del talento

- ¿Qué significa *talento* en tu organización?

- ¿Qué talento necesitas y cuál es imprescindible?

- ¿Se ha marchado talento?

- ¿Les preguntaste por qué se marchaban? ¿Qué aprendiste? ¿Qué estás haciendo diferente?

- ¿Por qué vas a invertir en talento?

- ¿Cuánto te cuesta atraer talento?

- ¿Dónde vas a actuar? ¿En qué áreas de la organización?

- ¿A qué personas del equipo necesitas involucrar para que sea un éxito?

- ¿Cómo vas a garantizar que el talento sea una ventaja competitiva para tu organización?

- ¿Cómo vas a ver resultados?

- ¿Cómo vas a mantener ese talento? ¿Cuáles serán las acciones que vas a implementar?

En este tiempo de reflexión, me parece importante hacer una parada técnica en la Agenda 2030. Sin entrar en las posibles discrepancias sobre la agenda en sí (en forma, tiempos y un largo etcétera. que podrían debatirse) y considerándolo como un importante plan de acción, es crucial pararse a leer el objetivo n.º 8: «Promover el crecimiento económico sostenido, inclusivo y sostenible, el empleo pleno y productivo y el trabajo decente para todos».

Saca tus propias conclusiones.

Sigue este enlace o escanea el QR:
https://www.un.org/es/chronicle/article/objetivo-8-analisis-del-objetivo-8-relativo-al-trabajo- decente-para-todos

Sigue este enlace o escanea el QR:
https://www.sdgfund.org/es/objetivo-8-trabajo-decente-y-crecimiento-econ%C3%B3mico

Tiempo de acción

En los últimos tres meses, plantéate, reflexiona, anota y analiza:

Qué va bien	Qué puedes mejorar

¿De qué te sientes orgulloso/a?

Qué has aportado	Qué has aprendido

Fuente: Elaboración propia.

4

Anticípate para evitar el ruido

«El destino es el que baraja las cartas,
pero nosotros somos los que jugamos».

WILLIAM SHAKESPEARE

En Real Academia Española (2014):
Anticiparse
1. tr. Anunciar algo antes de un momento dado, o antes del tiempo oportuno o esperable.
2. tr. Adivinar lo que ha de suceder.
3. tr. desus. Preferir algo o a alguien frente a otros de su clase.
4. tr. desus. Aventajar a alguien.
5. prnl. Dicho de una persona: Adelantarse a otra en la ejecución de algo.
6. prnl. Dicho de una cosa: Ocurrir antes del tiempo regular o señalado.

C ontinuamente estamos tratando de predecir lo que va a ocurrir en el futuro con un objetivo claro, el de controlar nuestro entorno.

Sin embargo, cuando un suceso rompe nuestros esquemas, perdemos esa falsa sensación de seguridad que manteníamos hasta entonces. Una vez que nos encontramos sumergidos en el mar de la confusión en que nos deja una rotura de nuestros patrones, buscamos desesperadamente formas de salir a flote, explicaciones que justifiquen lo sucedido. Pero a veces la realidad resulta ser casi más surrealista que algunos artistas del propio movimiento.

La mayoría de las veces nos aferramos a la *teoría de los cisnes negros* para justificar el terrible impacto económico, político o social.

La teoría del cisne negro dice que, durante años, los occidentales creían que los cisnes con plumas negras no existían, que todas las especies de ave de la familia *Anatidae* eran blancas. Esta clara convicción respondía a la declaración de imposibilidad: como todos los cisnes que se habían observado hasta entonces eran blancos, resultaba imposible que existieran negros. Pero, en 1697, unos exploradores australianos descubrieron que había una especie de cisnes negros, y todo lo que habíamos creído en Occidente hasta entonces demostró ser falso.

Este hecho histórico —que más tarde se convirtió en la base de *la teoría del cisne negro*— es una metáfora que describe aquellos sucesos que ocurren por sorpresa, que ningún analista es capaz de prever y que terminan teniendo un gran impacto y una repercusión trascendental. De hecho, a lo largo de la historia han ocurrido cisnes negros, fenómenos raros, de difícil probabilidad y que nadie antes los había anotado, como la caída de la Unión Soviética, los atentados del 11-S, la llegada de Internet o el COVID. Hacemos predicciones basándonos en experiencias pasadas, pero no tenemos nunca en cuenta que los cisnes negros existen, y que algo impredecible y catastrófico puede ocurrir.

El mismo autor de la teoría, Nassim Nicholas Taleb (2007), un estadístico y ensayista estadounidense de origen libanés, explicaba en su libro las tres condiciones que tienen que darse para que sea un cisne negro: «Que sea inesperado, que tenga un gran impacto y que tenga predictibilidad retrospectiva, es decir, una vez que ha sucedido, y solo entonces, se dan evidencias de que dicho hecho se podía haber evitado y se crean teorías que explican por qué se llegó a producir».

Gilles Lipovetsky y Sébastien Charles en 2008 ya lo predecían: «La sensación de inseguridad ha invadido los espíritus, la salud se ha impuesto como una obsesión de masas; el terrorismo, las catástrofes y las epidemias están a la orden del día».

Sean los cisnes negros o blancos, el aguacero que deja el temporal nos sumergió en tiempo COVID en la era de la volatilidad, incertidumbre, complejidad y ambigüedad. Estas cuatro variables, de las que ya se ha hablado en ocasiones y que se denominan con el acrónimo VUCA,[6] son las principales por las que cualquier empresa en la actualidad se mueve. En el mundo empresarial, el término VUCA se popularizó en la década de 2000, precisamente cuando se produjeron importantes cambios tecnológicos.

Aunque el escenario de volatilidad, la incertidumbre, la complejidad o la ambigüedad sean algunos de los elementos que mejor definen el siglo XXI, últimamente el famoso entorno VUCA ha sido complementado con una H (VUCA+H) de *hiperconectividad*, la transformación que las empresas están obligadas a abordar para adaptarse al ecosistema digital actual. A ese acrónimo podrán sumarse tantas letras como nuevos factores surjan, pero siempre desde la perspectiva de que la vida no es un camino recto, sino lleno de curvas. En el contexto actual, los cambios se producen a velocidad de vértigo. Y esos cambios afectan incluso a los acrónimos porque de ese VUCA hemos pasado al BANI. Este modelo BANI parece ir un paso más allá poniendo el foco en considerar los impactos caóticos y completamente impredecibles que pueden afectar a sus operaciones. El término BANI, creado por el antropólogo, escritor y futurista estadounidense Jamais Cascio, considera los cambios provocados por la pandemia y que aún sentimos en el momento actual. Quizás en un intento de comprender el panorama actual, de poner palabras a lo que sentimos y vivimos,

---

6 VUCA es un concepto creado por los militares norteamericanos en los años noventa. Este responde al acrónimo inglés *volatility* (V), *uncertainty* (U), *complexity* (C) y *ambiguity* (A).

o quizás de poner claridad y mirada en cómo adaptarnos, el término implica que los entornos son:

- B = Quebradizos. En este concepto, la idea de este «quebradizos», es que somos susceptibles de sufrir una catástrofe en cualquier momento, y todas las empresas que se construyen sobre cimientos frágiles pueden venirse abajo de la noche a la mañana. Pura sensación de vulnerabilidad que quizás nos hace sobreproteger.

- A = Ansioso. La ansiedad es uno de los síntomas más presentes hoy en día no solo en la vida personal de las personas, sino también en el mercado laboral. Vivimos al límite, lo que crea una sensación de urgencia que guía la toma de decisiones, y todo esto nos puede llevar a la inactividad o a la precipitación. Estar informado sin la obsesión de conocer al minuto lo que ocurre y aislarse de tanta noticia negativa nos permitirá pensar mejor, ya que se trata de un entorno que debemos afrontar con atención plena y empatía, viendo también las oportunidades que se nos presentan.

- N = No lineal. Vivimos en un mundo cuyos acontecimientos parecen inconexos y desproporcionados. Sin modelos previos ni una estructura bien definida y estandarizada, no es posible hacer organizaciones estructuradas. Debemos ser conscientes de que pequeños hechos pueden generar grandes consecuencias; adaptarnos es crucial, y afrontar esa no linealidad con trabajo en equipo, transparencia y dosis de intuición (además de los datos, para quien pueda ponerse nervioso ante esta afirmación) es vital.

- I = Incomprensible. Retomamos los datos. Tenemos más datos que nunca y sin embargo la interpretación es esencial. La incomprensión se genera cuando encontramos respuestas, a veces inconexas, carentes de sentido o procedentes de un enorme volumen de esos datos e información que nos llevan a la confusión. Por eso resulta esencial entender que no tenemos el control de todo.

A la incertidumbre se le suma la incapacidad de predecir los hechos que vendrán, la dificultad de entender la relación causa-efecto de lo que sucede y la distorsión de la realidad. El tejido empresarial se ha visto obligado a adaptarse de forma rápida adquiriendo nuevas habilidades y alcanzando nuevos retos en la gestión de esa nueva era: aprendizaje ágil, flexibilidad al cambio, inteligencia emocional, trabajo colaborativo, visión global y comunicación constante y genuina. Construir soluciones resilientes, empezando de manera individual, es fundamental en este mundo VUCA que nos transforma y nos hace reinventarnos. Parece obvio que esa transformación debemos afrontarla no solo como adecuación al entorno, sino como una nueva puerta que nos abre opciones que no conocemos.

Es más fácil prevenir que remediar

No hay lugar para oráculos, azar ni adivinación; será clave la anticipación de las amenazas y oportunidades que se anuncian en el horizonte con el fin de corregir la ruta sin por ello abandonar el rumbo. Anticiparse es un arte que exige autoconfianza, claridad de ideas, capacidad de observación y un punto importante de valentía. Y en este arte, en el que todavía no contamos con bolas de cristal, sí es útil tener una mirada curiosa a todo lo que esté pasando alrededor y, sobre todo, adelantarnos a los miedos y a las preocupaciones de nuestro equipo.

Las personas líderes tienen la responsabilidad de detectar oportunidades y también riesgos, de anticiparse a escenarios a los que enfrentarse. Esa anticipación no evitará que las cosas ocurran, pero sí que se agraven. Evitará tener que emplear esfuerzos extra en solucionar algo que podían haberse ahorrado.

En 1993 Michel Godet, economista francés, afirmaba en su obra *De la anticipación a la acción*: «La prospectiva es una reflexión para iluminar la acción presente con la luz de los futuros posibles». Analizar, reflexionar e informar al equipo permite avanzar con paso firme. Quizás el *cómo* puede ser parte de la estrategia y, sin embargo, el equipo debe sentir y confiar en que esta estrategia existe y que la empresa tiene puesta la mirada adelante desde una comunicación abierta, honesta y veraz.

Por el contrario, cuando hay pérdida de confianza, es cuando se genera el rumor, confusión ineludible en cualquier organización. Y gestionarlo formará parte de un aspecto esencial de la empresa: el plan de comunicación. De hecho, en cualquier empresa, cuanto más elevada sea la falta de información y la relevancia del tema, más fuerte, sostenido y masivo será el rumor.

Si en un contexto de miedo y volatilidad agregamos no comunicar, el equipo, sin ningún género de dudas, sufrirá. Y sufrirá más de lo estrictamente necesario no solo por no saber en qué aguas moverse, sino por no saber hacia dónde nadar. Ante el miedo y el temor, la imaginación vuela libre y desbocada.

> El miedo constituye, posiblemente, el más siniestro de los múltiples demonios que anidan en las sociedades abiertas de nuestra época. Pero son la inseguridad del presente y la incertidumbre sobre el futuro las que incuban y crían nuestros temores más imponentes e insoportables. La inseguridad y la incertidumbre nacen, a su vez, de la sensación de impotencia (Bauman, 2006).

El miedo es un mecanismo de naturaleza racional cuando la amenaza es real e irracional cuando es provocado por la imaginación que se descontrola y lo alimenta en forma de angustia. Es una emoción primaria universal que, generalmente, viene acompañada de la sensación de inseguridad, ansiedad, desprotección y desconfianza.

José Antonio Marina (2010), en su libro *Anatomía del miedo*, comenta que la ansiedad, la angustia y el temor son estados que revelan nuestra vulnerabilidad, y afirma que hemos tenido que aprender a soportarlos y a convivir con ellos: «Vivimos entre el recuerdo y la imaginación, entre fantasmas del pasado y fantasmas del futuro, reavivando peligros viejos e inventando amenazas nuevas, confundiendo realidad e irrealidad».

Y entre esos fantasmas del presente, en algunos lugares reina el silencio como respuesta porque la no comunicación es el camino que emprenden aquellas personas que tienen miedo a confrontarlo, a decir la verdad y a cómo reaccionarán los demás. A menudo, intentan convencerse de que no hace falta decir nada, como si el tiempo lo fuera a diluir o difuminar, cuando en realidad lo que hacen es retrasar la solución o la respuesta al problema. Los silencios son una enorme carga en momentos de incertidumbre y, desde luego, no la mejor respuesta.

A pesar de que haya momentos en los que la organización no sabe qué acciones llevará a cabo, no sabe dar respuesta al momento delicado o esta no parece ser trascendental, comunicar —aunque sea para decir que no sabemos hacía dónde vamos— es la única forma de llenar el vacío que deja la ansiedad. Y se debe hacer con confianza y seguridad para rebajar la sensación de zozobra que nos generan los momentos de desasosiego. No es una cuestión de tener respuestas para todo, pero sí de ser transparentes sobre lo que implica tomar decisiones, mirar hacia el futuro y responder de forma proactiva y no reactiva con la sensibilidad de a quien le importan las personas, lo que hagan y lo que teman de manera genuina. Desde la consciencia de que cualquier acto definitivamente influirá en el equipo, la transparencia es una gran herramienta si se emplea desde la honestidad, la claridad y la empatía. Cuando el equipo está dañado porque no sabe qué va a ser de su empleo ni de su futuro, anticipándonos, evitaremos el ruido.

En *El arte de la guerra*, escrito hace más de 2.500 años y convertido en libro de culto en el ámbito de la empresa, Sun Tzu afirma:

> Si conoces a los demás y te conoces a ti mismo, ni en cien batallas correrás peligro; si no conoces a los demás, pero te conoces a ti mismo, perderás una batalla y ganarás otra; si no conoces a los demás ni te conoces a ti mismo, correrás peligro en cada batalla.

Como dice el refrán de las personas más precavidas: «Es mejor prevenir que curar», pero probablemente nos estemos preguntando: ¿cómo me anticipo? ¿Qué debo hacer para ver más allá? El cerebro está preparado para resolver problemas cuando se presentan, no para anticiparse con acciones que eviten que los problemas ocurran. Para ello, hay que desarrollar ciertas capacidades que suelen estar adormecidas.

Así, las personas responsables deben especificar qué es lo peor que le podría pasar a la compañía para, a partir de aquí, concretar los pasos que seguir en cada caso. Para lograrlo deberán ponerse en los diferentes escenarios, desarrollar un plan de contingencia ante eventualidades que pueden traer consecuencias graves. Es decir, idear ese *plan b* que permitirá abrir nuevas vías, a pesar de que, en ocasiones, ese plan de contingencias sea realmente una hoja de ruta difícil de dibujar. Encarar tiempos revueltos y anticiparse requiere valentía, capacidad de escucha y creatividad y capacidad de innovación, elementos esenciales para generar transformaciones.

La convicción de lo que nos hace sentir bien

Las situaciones extremas ponen a prueba *la responsabilidad* y el sentido común. Ganar la partida será cuestión de regular adecuadamente las emociones básicas y muy especialmente el miedo. Sin soluciones mágicas ni recetas infalibles, nuestro contexto actual, como bien afirma Francisco Alcaide (2020), requiere madurez emocional, que no es otra cosa que la inteligencia emocional que describe Daniel Goleman.

Goleman realiza una profunda investigación acerca del concepto de inteligencia emocional aplicado al trabajo y demuestra que quienes alcanzan altos niveles dentro de las organizaciones poseen un gran control de sus emociones, están motivados y son generadores de entusiasmo; saben trabajar en equipo, tienen iniciativa, habilidad de comunicarse con eficacia y logran influir positivamente en los estados de ánimo; además saben «leer» los sentimientos ajenos y actuar en consecuencia.

La anticipación que implica la comunicación entraña y hace cómplices a todas estas características, habilidades y competencias. Según Goleman (2010),

> «en una época que adolece de todo tipo de garantía y seguridad laboral y en la que el mismo concepto de *trabajo* está viéndose rápidamente reemplazado por el de *habilidades portátiles*, estas son las cualidades que determinarán nuestra permanencia en el puesto de trabajo y nuestra flexibilidad para adaptarnos al nuevo mercado laboral. Y aunque durante décadas nos hayamos referido a este tipo de habilidades con una gran diversidad de términos, como *carácter*, *personalidad*, *competencias* o *habilidades blandas*, en la actualidad disponemos de una comprensión más detallada de estos talentos y de un nuevo nombre para ellas: *inteligencia emocional*».

Goleman hablaba de esa época convulsa que supuso la Gran Recesión. Y sin duda, en tiempos como los actuales, sus afirmaciones cobran más vigencia que nunca.

El mundo en el que vivimos nos ha abierto un periodo de reflexión general donde poner en valor cuestiones esenciales desplazadas. Nos ha tocado recuperar lo verdaderamente importante, la vuelta a los básicos: reconectar con las personas, volver a sentir y a emocionarnos. Este tiempo ha creado una oportunidad para que las personas y las empresas se replanteen ese «quiénes somos» que a veces, inmersos en la rapidez del hacer, olvidamos.

Hemos comprendido en esta nueva década que somos vulnerables y que son imprescindible la resiliencia —como capacidad de adaptación y avance— y la inteligencia emocional.

A la tumba de Charles Darwin no le faltan flores frescas en estos tiempos; su teoría de la evolución ha retornado y está más presente que nunca: o te adaptas o no sobrevives. Las personas poco adaptables se ven sumidas en un profundo malestar y una enorme sensación de inseguridad que las lleva, en diversas ocasiones, a recurrir a ese silencio ante el equipo, lo que les genera serios problemas para evolucionar. Sin flexibilidad ni capacidad de adaptación les resulta difícil permanecer abiertas al cambio, aprovechar las oportunidades y provocar novedades inesperadas desde la calma.

A lo largo de mi trayectoria profesional me he topado con diversas situaciones que más adelante han dado pie a reflexiones decisivas. Recuerdo perfectamente cuando trabajaba como asesora en un hotel que necesitaba una reforma estructural, pero, en aquel momento, no tenían los recursos para asumirla. Justo al lado de ese hotel estaban construyendo otro mucho más moderno e imponente. En una de las reuniones con el director del hotel y el equipo pregunté si sentían miedo ante la nueva apertura en el barrio. El director me contestó, con una asombrosa calma y seguridad en cada palabra reflexionada, que estaba absolutamente convencido de que la nueva competencia los haría mejores, más fuertes, más competitivos. Pondrían el foco en el buen trato desde las personas; su mayor y mejor herramienta sería la personalización de la experiencia del cliente. Y continuó enumerando, desde la fortaleza emocional, los pasos que debían dar para hacerlo posible y de qué forma el equipo debía implicarse.

De inmediato noté que todas las personas presentes en la reunión, sin ninguna excepción, sintieron un profundo orgullo de formar parte de aquel proyecto por la confianza que les brindaba el director en esa nueva etapa; por la capacidad de adaptación a una nueva y complicada época; y por haberse adelantado no solo en acciones, sino también en palabras. No sucede siempre que el director comparta con el equipo sus planes futuros, en medio de una situación hostil, dejando de lado los lamentos. A día de hoy sigo admirando su fortaleza y la forma de enfrentarse a los grandes desafíos desde su mirada visionaria.

Como suele ocurrir entre los grandes profesionales, la amenaza se estaba convirtiendo en oportunidad. No iba a convertirse en un hotel *boutique*, minimalista, ni de diseño, pero sí en un hotel con alma, donde la prioridad sería gestar el mimo para satisfacer las expectativas de los huéspedes.

Emociones vivas y cambiantes

La diferencia entre una persona con miedo pero segura de sus acciones y otra con miedo, sensible y frágil a las críticas externas es que la primera seguirá un camino firme, se atreverá a dar pasos con la convicción de que lo que hace es lo correcto. La segunda, incapaz de convivir con la incertidumbre y afrontar los comentarios de otros sin perder la cabeza, se paralizará.

Cuenta Goleman (2010) en su obra *La práctica de la inteligencia emocional* algo que me impactó enormemente. En su explicación sobre las nuevas ideas, afirma que existen personas muy frágiles y sensibles a las críticas. A Isaac Newton le afectaban tanto los comentarios negativos que, en cierta ocasión, postergó más de quince años la publicación de un artículo hasta el fallecimiento de su principal crítico, quizás en un intento desesperado de proteger esas ideas ante críticas demasiado incisivas.

El mismo Goleman señala los principales elementos que integran la inteligencia emocional, que siempre conviene recordar cómo influyen en nuestra anticipación: ¿cuáles son los elementos de la inteligencia emocional? ¿Y de qué manera son importantes para poder anticiparnos al ruido de la incertidumbre, la inseguridad y el miedo?

1. Autoconocimiento emocional (o autoconciencia emocional)

Identificar nuestros propios sentimientos y emociones, reconocerlos y entender cómo nos influyen. Esta capacidad nos permite identificar los estados emocionales concretos que vivimos y su efecto en nuestro entorno. El autoconocimiento es la piedra angular para poder liderar con determinación, seguridad y autocontrol, y una buena gestión de nuestras emociones nos abrirá las puertas para aprender a reforzar las de los demás.

2. Autocontrol emocional (o autorregulación)

Controlar impulsos y emociones de manera asertiva. El autocontrol emocional nos permite reflexionar y dominar nuestros sentimientos o emociones para no dejarnos llevar ciegamente por ellos. Un bajo autocontrol emocional nos puede traer conflictos y situaciones complicadas.

La capacidad de autorregularnos también está ligada a la manera en que usamos el lenguaje. Gestionar adecuadamente las propias emociones nos permitirá no ceder a los impulsos inmediatos y responder de una manera amable, respetuosa y adecuada. Así, con esta asertividad, sabremos comunicar y aceptar respuestas diferentes a las que esperamos.

3. Automotivación

Dirigir nuestras emociones hacia objetivos que nos permitan mantener la motivación y poner el foco en las metas más que en las adversidades. Cierto grado de optimismo e iniciativa se tornan imprescindibles; la proactividad y la determinación harán el resto.

Las personas con una iniciativa equilibrada y con una visión de conjunto actúan antes de que los problemas aparezcan. Con su capacidad de previsión se adelantan a los diferentes escenarios de manera ágil, comunicando y transmitiendo desde la motivación.

4. Empatía (reconocimiento de emociones en los demás)

Notar lo que otra persona siente sin que nos lo haya dicho. Las relaciones interpersonales se fundamentan en la correcta interpretación de las señales que los demás expresan de forma inconsciente a través de la escucha activa, la sincera orientación a las personas y el interés hacia sus preocupaciones. Y escuchar más allá de las palabras y observar más allá de los detalles exige un alto grado de empatía.

La capacidad de captar estas formas sutiles de comunicación, a veces no verbales, necesita de competencias emocionales básicas, como el autoconocimiento y el autocontrol: si no somos capaces de entender nuestros propios sentimientos, será muy complejo entender los de las demás personas de nuestro equipo.

5. Relaciones interpersonales (o habilidades sociales)

Es el conjunto de capacidades que nos permite relacionarnos mejor con los que nos rodean. En definitiva, tratar y comunicarse con todo tipo personas y saber proporcionar un *feedback* útil, reconociendo sus logros.

Transmitir con tacto las diferentes visiones y perspectivas, y tener en cuenta las cargas de las personas del equipo nos puede ayudar a tener un ambiente de trabajo más eficaz. Al final, adoptar una actitud empática y social nos brindará, también, mayores posibilidades de desarrollo personal.

Y es que hoy se hace más imprescindible que nunca la mirada hacia la inteligencia emocional. Leonard Mlodinow (2022), doctor en Física por la Universidad de California en Berkeley, en su libro *Emocional: cómo los sentimientos moldean nuestro pensamiento,* afirma que a todos nos han dicho que pensar racionalmente es la clave del éxito. Pero en la vanguardia de la ciencia, los investigadores están descubriendo que sentir es al menos igual de importante. Mlodinow continúa afirmando que, durante mucho tiempo, se ha creído que pensar y sentir eran fuerzas separadas y opuestas en nuestro comportamiento, pero los extraordinarios avances en psicología y neurociencia han demostrado que las emociones son tan críticas para nuestro bienestar como el pensamiento.

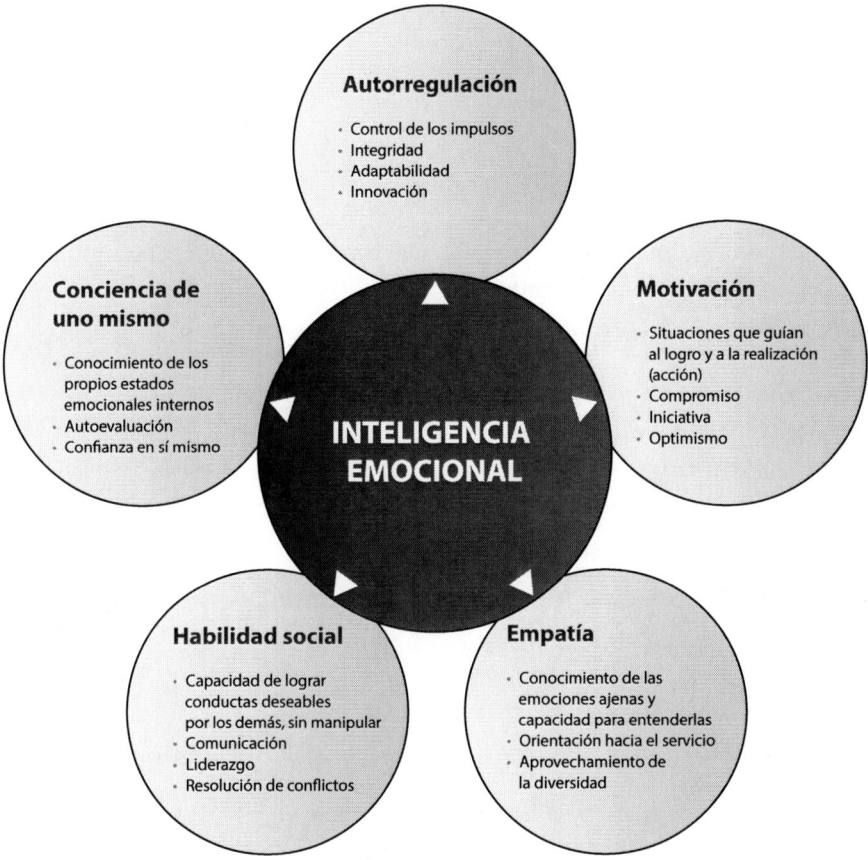

Fuente: Daniel Goleman.

Las características de la persona líder deben estar «vivas», porque deben ser llevadas siempre a las nuevas circunstancias y a entornos diferentes; deben mejorarse continuamente, adaptarse a nuevos tiempos y necesidades. «Si un líder carece de la capacidad para encauzar las emociones adecuadamente, nada de lo que haga funcionará como es debido», dicen Daniel Goleman, Richard Boyatzis y Annie McKee (2016).

Todo el conocimiento técnico basado únicamente en el aprendizaje o estudios académicos o en viejos paradigmas y formas de hacer las cosas no harán más que entorpecer si no sumamos la importancia del conocimiento de las emociones. Y desde ese conocimiento, desde esa empatía y sensibilidad, hace falta avanzar para hacer que las cosas ocurran.

Tiempo de reflexión

El *bestseller* empresarial *¿Quién se ha llevado mi queso?* convirtió a su autor, Spencer Johnson, en una especie de gurú de la superación personal. Una de las preguntas que se plantea en ese libro puede servir para reflexionar sobre conceptos desarrollados en este capítulo.

1. ¿Qué harías si no tuvieras miedo?

2. Recuerda la última reunión con tu equipo en la que tuvieras que transmitirles algo importante (podría usarse esta pregunta en cualquier aspecto de la vida personal o profesional, por ejemplo, en una conversación con tu pareja o familia).

   – ¿Qué aspectos funcionaron o tuvieron una buena repercusión?

   – ¿Qué harías hoy de otra manera?

   – ¿Qué has aprendido?

   – ¿Qué harías de manera diferente a partir de ahora?

La académica y escritora Brené Brown ha dedicado muchos años de su vida a escribir sobre el poder de la vulnerabilidad, el coraje y la empatía. Hace unos años quizás poner en una misma frase vulnerabilidad y liderazgo hubiera sido más que osadía. Hoy me parece una petición encarecida reflexionar sobre ese poder, el de la vunerabilidad y la reivindicación de la autenticidad. No dudes en ver esta TED Talk y anota en ese cuaderno de bitácora que te sugería al inicio del libro cada frase que te inspire en este tiempo de reflexión.

Sigue este enlace o escanea el QR:
https://www.youtube.com/watch?v=iCvmsMzlF7o

Tiempo de acción

El test de las 16 personalidades está inspirado en el popular indicador de tipo de Myers-Briggs (o MBTI por sus siglas en inglés). Es un estudio sobre tipologías que clasifica los tipos de preferencias de las personas. Se trata de un test gratuito que, a pesar de tener algunas limitaciones, ayuda a orientar bien los puntos fuertes y débiles.

Tómate 15 minutos para pensar bien las respuestas y obtendrás una descripción aproximada de quién eres y por qué haces las cosas como las haces.

Sigue este enlace o escanea el QR:
https://www.16personalities.com/es

5

Comunica estratégicamente, con cabeza y corazón

«Las personas olvidarán lo que dijiste, olvidarán lo que hiciste, pero nunca olvidarán cómo les hiciste sentir».

MAYA ANGELOU

En Real Academia Española (2014):

Comunicarse

1. tr. Hacer a una persona partícipe de lo que se tiene.

2. tr. Descubrir, manifestar o hacer saber a alguien algo.

3. tr. Conversar, tratar con alguien de palabra o por escrito. U. t. c. prnl.

4. tr. Transmitir señales mediante un código común al emisor y al receptor.

5. tr. Establecer medios de acceso entre poblaciones o lugares. El puente comunica los dos lados de la bahía. U. t. c. prnl.

6. tr. Consultar con otros un asunto, tomando su parecer.

Una canción, una imagen, una palabra, un olor, un sabor... pueden convertirse en extraordinarias máquinas del tiempo que nos llevan a lugares que casi se habían borrado en nuestra memoria caprichosa. Como la magdalena de Proust. El recuerdo que le provoca una magdalena al narrador de *Por el camino de Swann,* escrito en 1913 por Marcel Proust, le hace experimentar una poderosa evocación del pasado a través del sabor de una magdalena mojada en té, lo que desencadena una serie de recuerdos y reflexiones sobre la naturaleza de la memoria y el tiempo. Le hace sumergirse en su infancia, sin esperarlo, sin previo aviso, sin preparación.

Se conoce como la magdalena de Proust —o también fenómeno de Proust o efecto proustiano— al fenómeno humano memorístico, a la asociación cerebral en la cual una percepción —especialmente el olor— provoca y evoca un recuerdo de forma totalmente involuntaria. De manera magistral, Proust nos llevó a esa evocación.

> Y de pronto el recuerdo surge. Ese sabor es el que tenía el pedazo de magdalena que mi tía Leoncia me ofrecía, después de mojado en su infusión de té o de tilo, los domingos por la mañana en Combray (porque los domingos yo no salía hasta la hora de misa), cuando iba a darle los buenos días a su cuarto. Ver la magdalena no me había recordado nada, antes de que la probara; quizá porque, como había visto muchas, sin comerlas, en las pastelerías, su imagen se había separado de aquellos días de Combray para enlazarse a otros más recientes; ¡quizá porque de esos recuerdos por tanto tiempo abandonados fuera de la memoria no sobrevive nada y todo se va desagregando!; las formas externas, también aquella tan grasamente sensual de la concha, con sus dobleces severos y devotos, adormecidas o anuladas, habían perdido la fuerza de expansión que las empujaba hasta la conciencia. Pero cuando nada subsiste ya de un pasado antiguo, cuando han muerto los seres y se han derrumbado las cosas, solos, más frágiles, más vivos, más inmateriales, más persistentes y más fieles que nunca, el olor y el sabor perduran mucho más, y recuerdan, y aguardan, y esperan, sobre las ruinas de todo, y soportan sin doblegarse en su impalpable gotita el edificio enorme del recuerdo.

> Marcel Proust. *Por el camino de Swann*
> *(En busca del tiempo perdido)*

El lenguaje y la comunicación son parte imprescindible de nuestras relaciones, detrás de las cuales subyace una de las fuerzas más transformadoras de nuestra sociedad. Al igual que una experiencia sensorial específica puede desencadenar recuerdos y emociones, la comunicación puede tener el mismo efecto en las personas. Las palabras son herramientas poderosas capaces de despertar emociones, evocar recuerdos y crear conexiones significativas. El poder evocador de las palabras radica en su capacidad para transmitir significados y sensaciones que trascienden el mero acto de la comunicación. Ser conscientes de cómo usar las palabras es clave, y, sin embargo, nos olvidamos de su influencia. Con las palabras se enamora, se vende, se convence, se inspira, se emociona… y se puede destruir.

Las palabras deben usarse con la responsabilidad de quien sabe de su efecto y la sensibilidad de quien conoce el bien que pueden hacer. Permíteme un inciso… No olvides algo esencial, que de puro básico olvidamos cada día: los diálogos internos deben ser sanos, positivos. No se trata de negar dificultades; se trata de ser más resilientes. La forma en que nos hablamos a nosotros mismos puede tener un impacto significativo en nuestra calidad de vida. Comienza por hablarte bien a ti mismo.

Cada crisis y muchos de los avances traen consigo muchos cambios a nuestra vida: la manera de consumir, de trabajar, de relacionarnos y, sin ninguna duda, de comunicarnos.

Comunicar es transmitir ideas y pensamientos con el objetivo de ponerlos en común con otra persona. Comunicar bien, transmitir, es un factor determinante, y para ello hay que saber qué queremos decir y estructurar las ideas. La inmediatez en la que vivimos hace todavía más imperiosa la necesidad de que lo que queremos decir llegue de manera clara, ordenada y efectiva.

A veces, en este contexto de *infoxicación*, lamentamos la congoja que nos provoca ese continuo martilleo de datos e información, una sensación ambigua de tener mucho y saber poco. Podemos comprobar el auge informativo cada vez que hay algún suceso que afecta local o globalmente: aparece en las portadas de todos los periódicos, en la parrilla de un telediario, en las tertulias de radio y en las redes sociales. Muchas de las informaciones que recibimos a menudo se contradicen o no están bien contadas. Y, en estos casos, casi es preferible dosificarla. Como escribía John Le Carré (2011) en *El peregrino secreto*: «Téngame informado, pero no muy informado».

Con la sobreinformación aparece la falta de precisión, los datos erróneos, incluso las conocidas *fake news* y aceptamos como verdad todo aquello que nos llega. La multiplicación de noticias falsas es un hecho que amenaza muy seriamente a los políticos, a la democracia y a las organizaciones, cuya reputación se convierte en un intangible complejo de gestionar.

El guion de todo lo que ocurre no está ni esbozado ni imaginado, pero la improvisación se paga. La ausencia de comunicación, la falta de rigor, de prudencia y la inadecuación en los tiempos lleva a la descoordinación, al rumor y a la desconfianza en las organizaciones y en la propia vida. Desde hace tiempo, los políticos y sus maneras de actuar están bajo el oído atento de la ciudadanía, que necesita tener una única versión de los hechos. Quiere entender qué está pasando, por qué y sobre todo cómo salir de situaciones que nos alejan de nuestra vida anterior generándonos un profundo sentimiento de desamparo. Y ese oído atento está también para las organizaciones y sus líderes. Toda crisis retrata con un fino pincel a las empresas, independientemente del sector y del tamaño, y coloca en el punto de mira a las personas que las lideran, sus pasos y sus frases.

En el proceso comunicativo es primordial ir paso a paso, sin precipitaciones, ya que se trata de uno de los pilares básicos donde las organizaciones inciden en diferenciar la comunicación **interna** —equipo, socios— de la **externa** —colaboradores, proveedores, clientes, etc.—.

Dialogar con alma y sinceridad

Comunicación interna es la gestión de lo que se dice a cada una de las personas que integran la organización; es uno de los elementos clave para que el ambiente de trabajo sea efectivo. Mediante una correcta gestión de esta comunicación interna se pueden transmitir valores estratégicos y objetivos, fidelizar y dar sentido de pertenencia a la empresa, aunque a veces ni siquiera se tiene la consciencia de la necesidad de cuidar esta comunicación.

Una comunicación efectiva puede reducir la incertidumbre, los ruidos y los rumores que no hacen sino incrementar los temores y las ansiedades del equipo; puede generar compromiso; servir para compartir aprendizajes y conocimientos; y ser un catalizador del cambio. Cuanto mejor informada esté una persona, más implicada estará en el proyecto. En muchos casos, los equipos se sienten mal informados e infravalorados, lo que los lleva no solo a desmotivarse, sino a preguntarse por qué y para qué.

> Se trata de que la compañía sea una fuente de información veraz y completa para sus empleados. No basta con enviar abrazos virtuales o que el director general, el gerente o el rector de la universidad envíen pautadamente unos mensajes *ad hoc* que lo único que hacen es dar la impresión de un deber cumplido más que de una preocupación real por lo que sucede con la situación laboral de sus empleados. Se trata de informar de aquello que sea del interés de los públicos internos afectados por la crisis, y no de informar de lo que interesa y conviene a los líderes corporativos.
>
> (Xifra, 2020).

No obstante, para que el equipo se sienta implicado, no basta con informar; necesita saber el camino, conocer lo que va mal y ser partícipe de los éxitos. Los nuevos contextos generan una avidez de diálogo honesto en el que los trabajadores no se conforman con ser escuchados cuando se les da la oportunidad, sino que quieren opinar, plantear sus dudas y aportar nuevas ideas en las organizaciones. Las personas gerentes deberán adaptarse a ese nuevo entorno y estar dispuestas a escuchar críticas, así como a dar explicaciones.

Joan Cuenca y Laura Verazzi (2018), en su obra *Guía fundamental de la comunicación interna*, afirman que, con el auge de la puesta en valor de los recursos intangibles —como las relaciones, la identidad, la responsabilidad social, el *know-how* y la cultura corporativa—, el tratamiento de la comunicación ha cambiado y ponemos el foco en la bidireccionalidad, es decir, esa retroalimentación fomentada principalmente por el diálogo y el *feedback*. Como Josep Rom Rodríguez dice en el prólogo del mencionado libro, «el compromiso es hijo de la motivación».

La comunicación a los equipos facilita, consolida, promueve la participación y la colaboración, motiva e implica. Y todo comienza con explicar de una manera clara, concisa y sin artificios hacia dónde se dirige la empresa.

Es importante ser creíble porque la gente nos escucha y nos hace caso si siente que le estamos contando la verdad. Por tanto, la clave es la transparencia, comunicar con claridad y realismo, sin ornamentos ni florituras, porque ocultar, minimizar o, por el contrario, dramatizar la información solo nos llevará a perder credibilidad.

> La confianza es la base de la comunicación. Mantener una actitud abierta y honesta e involucrar activamente a las partes interesadas para abordar sus necesidades de información sobre riesgos servirá para generar confianza y facilitar colaboraciones multisectoriales para enfrentar una crisis.
>
> (Qiu *et al.*, 2018).

Carmen Costa-Sánchez y Xosé López-García (2020) ofrecían, en su artículo «Comunicación y crisis del coronavirus en España. Primeras lecciones», precisamente una serie de consejos aprendidos que no debemos olvidar:

> La presente crisis sanitaria ha supuesto una realidad mucho más compleja y grave que las precedentes. Existe una enorme responsabilidad en la comunicación con la ciudadanía en una situación como la presente en todos los actores del sistema comunicativo, especialmente, los actores institucionales y los medios de comunicación. Los primeros afrontan el reto de la transparencia, la coherencia, el entendimiento con los distintos *stakeholders*, el liderazgo y la divulgación. Los segundos, el de informar en profundidad desde un punto de vista crítico, contrastando la información oficial, pero colaborando en la difusión de los mensajes, aportando el lado humano sin sensacionalismo ni alarmismo.

Los autores hablan de la enorme responsabilidad de informar sin alarmismo. Todas estas lecciones sirven sin duda a la comunicación interna de las empresas, siempre desde esa empatía y proactividad que mueve a la resiliencia, a mirar hacia delante pese al dolor.

El equipo no busca superhéroes, sino seres humanos capaces de escuchar y trasmitir con palabras adecuadas lo que ocurre y cómo afecta directamente al futuro de las personas. Compartir los objetivos y establecer una visión clara y esperanzadora de cuál es el siguiente puerto al que dirigirse; conseguir que todo el equipo, todas las personas que forman parte de la organización tengan la misma comprensión de la visión y los objetivos; mantener la comunicación simple y directa, compartir buenas prácticas, ejemplos de otras empresas que están haciendo un buen camino y que puedan ser fuente de inspiración; escuchar y avanzar con firmeza serán claves para que el equipo se implique con cabeza, y también corazón y para la transformación.

Somos lo que comunicamos

De la misma forma que prepararnos para la comunicación interna requiere tiempo y agilidad, para la comunicación externa debemos cuidar la imagen de la marca y la reputación porque nos jugamos las relaciones futuras con nuestros clientes y proveedores.

En una compañía no solo comunican los anuncios publicitarios o las campañas de relaciones públicas; también, la actividad cotidiana de la empresa, desde sus productos y servicios, la web corporativa o las redes sociales hasta la foto de perfil de WhatsApp de los empleados. Y tan importante es informar como mimar el mensaje que debe transmitirse tanto en su contenido como en sus canales.

Cuando damos una charla en un auditorio, en una sala de reuniones o, incluso, a través de una pantalla, es esencial conectar con la audiencia. Resulta curioso y casi tremendo pensar que, habiéndome dedicado toda mi vida a hablar en público, cada nueva sesión, cada nueva clase que doy al inicio de curso me ha supuesto —y me sigue suponiendo— un auténtico carrusel de emociones: el nudo en la garganta, mariposas en el estómago, inquietud… nervios que a la vez se mezclan con la emoción y la ilusión.

Hace unos años asesoré al equipo directivo de un teatro sobre cómo desenvolverse en presentaciones, eventos y ruedas de prensa. Les ayudaba con temas de oratoria y lenguaje no verbal, tan presente en el mundo del escenario. Los actores, actrices y músicos me contaban los tremendos nervios previos a la función; sus rituales; sus manías y sus supersticiones. Me di cuenta de que en cuanto a nervios se refiere hasta a los más experimentados les es imposible ignorarlos. Aprendí a hacer de los nervios mis compañeros de camino y a gestionarlos a mi favor, porque son los que me mantienen despierta, atenta, y me hacen conectar con el público. Aprendí a poner en palabras algo que me digo y comparto: los nervios son respeto. El día que me falten, me preocuparé.

Decía Shakespeare: «El mundo es un escenario, y hombres y mujeres, meros actores», así que es tiempo de prepararse para la escena de manera sensible, ponderada y reflexiva.

Prepararse es tener esa prudencia: planificar; construir sobre pilares sólidos; ordenar ideas; comprender a la audiencia; adaptarse a las circunstancias y comunicar. La naturalidad, humildad, pasión, claridad y credibilidad son las claves de una presentación que inspire a la acción.

Todo tiene un porqué

Las organizaciones aprecian cada día más la gestión de los intangibles y trabajan de manera planificada para cuidar su prestigio. La falta de tiempo siempre ha incidido negativamente en la comunicación. La realidad avanza de forma rápida, a veces demasiado, sobre todo en momentos de crisis. Cuanto más tiempo dediquen a planificar, a pensar en el recorrido de futuro, más eficaces serán en el momento de gestionar los problemas.

Simon Sinek, divulgador inglés y autor de varios *bestsellers*, dio una charla TED, *Start with why* (Empieza por un porqué), en la que presentó al mundo el concepto *why*. La charla, con más de 51 millones de visitas en YouTube, marcó un antes y un después en su carrera profesional. Si bien el concepto no fue novedoso, sí lo fue la forma. El aforo del auditorio se rebasó con creces y tuvo un impacto enorme en la audiencia. Tanto que, desde entonces, sus análisis han ganado expresión y espacio en los rangos corporativos más importantes del mundo.

El método *The Golden Circle* (El círculo dorado), surgido de su intervención TED, ha sido una herramienta inspiradora para muchas empresas y ha ganado relevancia entre los gerentes más comprometidos. Explica por qué hay personas que consiguen tener un gran éxito y, para ilustrarlo, traza tres círculos concéntricos en los que en la parte exterior se encuentra el *qué*, en la del medio *cómo* y en el centro *por qué*.

Afirma que la gran mayoría de las empresas tiene claro a qué se dedican o qué hacen, sean productos o servicios (*what*). Algunas incluso tienen una conciencia plena de cómo lo hacen y qué procesos siguen. Esta es normalmente la explicación que brindan para decir cómo se diferencian de la competencia, sea en sus procesos, su calidad o su propuesta de valor (*how*). Pero lo que muy pocas empresas tienen claro es la misión de por qué lo hacen, el propósito de su existencia (*why*).

Figura 5.1. El círculo dorado

Fuente: Simon Sinek (2009).

Sinek afirma que «las personas no compran lo que haces, compran por qué lo haces», es decir, que un producto es en realidad la traducción de una creencia, unos valores, un deseo. Por otro lado, también asegura que «el liderazgo requiere de dos cosas: la visión de un mundo que aún no existe y la habilidad de comunicarlo». El éxito empresarial está directamente vinculado a la capacidad de una marca para inspirar a un público cautivo al valorar la esencia de la organización por encima de todo. A menudo, obsesionados por el qué vamos a decir, olvidamos algo esencial: por qué y para qué.

Ayudar a los equipos a entender ese para qué, a sumarse, debe hacerse con absoluta responsabilidad, cuidando la forma y el fondo para que digan exactamente lo que queremos decir.

«... Cuida tus palabras, porque se convertirán en tus actos. Cuida tus actos, porque se convertirán en tus hábitos.

Cuida tus hábitos, porque se convertirán en tu destino».

Mahatma Gandhi

Vivimos en un mundo con más escenarios, reales y virtuales, cuya audiencia está cada vez más acostumbrada a escuchar y dispuesta a evaluar: una audiencia necesitada de autenticidad y naturalidad. Reivindico el poder de la autenticidad. Por eso, se hace imprescindible comunicar con naturalidad y autenticidad sin artificios, pero de manera cuidada; una comunicación sin adornos, pero extremadamente responsable; sin ornamentos, pero profundamente empática, con la sensibilidad de quien siente que lo que cuenta no solo importa, sino que además llega.

Tiempo de reflexión

Piensa en la última vez que has hablado en público:

- ¿Cuánto lo preparaste?

- ¿Qué podrías haber hecho diferente, mejor?

Piensa en la última vez que has hablado con tu equipo:

- ¿En qué puntos del proceso de comunicación has encontrado más dificultades?

- ¿Cómo podrías mejorarlo y qué pasos crees que debes seguir?

A continuación te facilito un link a un artículo del *Huffington Post* en el que doy 7 claves para hablar en público. Espero que te resulten útiles.

Sigue este enlace o escanea el QR:
https://www.huffingtonpost.es/entry/siete-claves-para-hablar-en-publico_es_606b06b9c5b6c55118b5e10b.html

Y un resumen visual:

Los nervios forman parte del juego: te centran y te hacen estar; conviértelos en tus compañeros de camino, pero no los hagas los protagonistas de tu historia. **Cuida el cierre** y analiza próximos pasos.

No dejes en manos de la providencia tu importante discurso. **Cuida que esté bien preparado,** ensayado y sobre todo que sea y suene natural.

Cuida el inicio y el final con el mimo de quien escribe una carta de amor y la seguridad de quien reivindica una verdad.

Si no tienes claro qué quieres comunicar, cuál es **tu intención y el propósito final,** difícilmente lo harás.

Cuida tu comunicación no verbal y conecta de manera genuina para entender, para transmitir, para cautivar.

El foco está en quien te escucha, sin arrinconar tu propia esencia.

7 claves para hablar en público

1. «Improvisa» tu guión
2. Ten y deja claro tu objetivo
3. Olvídate de ti
4. Háblate bien y trátate con mimo
5. Conecta para entender
6. Transita de un gran inicio a un gran final
7. El toque final

Háblate como te gusta que te hablen, y no permitas que tu cerebro te diga que lo vas a hacer mal.

Fuente: Adela Balderas.com

Tiempo de acción

1. Escucha la charla TED de Simon Sinek y después responde a las preguntas.

Sigue este enlace o escanea el QR: https://www.youtube.com/watch?v=qp0HIF3SfI4 

- ¿Qué ideas clave extraerías?
- ¿Qué añadirías en un contexto como el actual?

2. Programa dos acciones de comunicación en los próximos 15 días (reunión con el equipo, conferencia a los clientes, charla con tu pareja, etc.). Planifica qué vas a comunicar y cómo, intentando seguir las siguientes pautas:

PAUTAS Y SUGERENCIAS	MARCA SI LO HAS EMPLEADO	¿DE QUÉ MANERA?
Los primeros minutos son esenciales: cuida qué vas a decir y cómo comenzar (anécdota, historia, pregunta, imagen, cita).		
Cuida tu tono en todo momento: muéstrate como una persona amable, positiva, con ganas de escuchar y respetuosa aunque haya discrepancias.		
La primera impresión importa: cuídala tanto si es una comunicación presencial como virtual.		
Selecciona las ideas relevantes: ¿qué quieres que no olviden?		
Selecciona los datos que vas a dar. No tienes que darlos todos; sí fomentar el interés para que te los soliciten.		
Equilibra razón y emoción, sin que falte ninguna de las dos.		
Si haces afirmaciones, demuéstralas con evidencias, ilustraciones, etc.		
Involucra a tu audiencia.		

PAUTAS Y SUGERENCIAS	MARCA SI LO HAS EMPLEADO	¿DE QUÉ MANERA?
Si das ejemplos, que sean de testimonios valorados.		
Apóyate en más recursos que tus palabras, imágenes o vídeos, pero cuida el momento en que lo haces.		
Aporta vivencias: que sean cortas y den un mensaje.		
Cuida el final, los últimos minutos son clave.		
Cierra con un máximo de 5 conclusiones cortas, claras, ordenadas.		

Tras las acciones, anota en tu análisis **ESAL**:

Análisis ESAL

Ⓧ Errores

✓ Aciertos

💬 Sugerencias

✏️ Lecciones aprendidas

Recuerda que se trata de un aprendizaje vivo y continuo.

«Siempre hay tres discursos por cada discurso que das: el que practicaste, el que diste y el que te hubiera gustado dar».

Dale Carnegie

6

Atrévete a equivocarte

«Más allá de la noche que me cubre / negra como el abismo insondable, / doy gracias a los dioses que pudieran existir / por mi alma invicta. // En las azarosas garras de las circunstancias / nunca me he lamentado ni he pestañeado. / Sometido a los golpes del destino / mi cabeza está ensangrentada, pero erguida. //

Más allá de este lugar de cólera y lágrimas / donde yace el Horror de la Sombra, / la amenaza de los años / me encuentra, y me encontrará, sin miedo. // No importa cuán estrecho sea el portal, / cuán cargada de castigos la sentencia, / soy el amo de mi destino: / soy el capitán de mi alma».

Invictus, WILLIAM ERNEST HENLEY

En Real Academia Española (2014):

Fracaso

1. m. Malogro, resultado adverso de una empresa o negocio.
2. m. Suceso lastimoso, inopinado y funesto.
3. m. Caída o ruina de algo con estrépito y rompimiento.

N adie consigue llegar al éxito sin haberse caído alguna vez por el camino. Hay caídas dolorosas, incluso con secuelas, pero levantarse de nuevo es en lo que consiste la vida: un vaivén de altibajos, una montaña rusa con alegrías y desgracias, errores y aciertos, desventuras y felicidad. «Se puede caer y volverse a levantar y siempre vale la pena volver a empezar, una y mil veces, mientras uno esté vivo. Derrotados son los que dejan de luchar y dejar de luchar es dejar de soñar», decía Pepe Mújica.

Thomas Alva Edison conoció de cerca estas caídas y vueltas a empezar. Fue un científico y empresario estadounidense, inventor de la bombilla. Su historia podría terminar aquí, como la de un genio virtuoso que por arte de magia desata una revolución científica y consigue alumbrar las casas de todo el planeta hasta el día de hoy. Pero la realidad no fue así. Entre 1878 y 1880, Edison trabajó en al menos 300 teorías con miras a desarrollar una lámpara incandescente eficiente, aunque no era el único que lo estaba intentando. El problema consistía en encontrar un material capaz de mantener una bombilla encendida largo tiempo. Para hacer el filamento, probó cientos y cientos de materiales como el carbono, el platino y fibras de unas 6.000 plantas distintas, incluido el algodón. Cada vez que probaba uno de ellos se quemaba tras arder un par de horas. Hasta que, por fin, el filamento de bambú carbonizado dio resultados positivos, e inmediatamente adquirió grandes cantidades y, haciendo gala de su pragmatismo, instaló un taller para fabricarlas él mismo. En 1879, Edison realizó ante un auditorio de 3.000 personas la primera demostración pública de la bombilla incandescente, que lució durante 48 horas ininterrumpidamente.

Para demostrar que el alumbrado eléctrico era más económico que el de gas, empezó a vender sus lámparas a cuarenta centavos, aunque a él le costase más de un dólar fabricarlas. La polémica llegó cuando otros científicos como Joseph Swan, Humphry Davy o Henry Woodward demostraron que ellos también habían inventado otros tipos de bombillas anteriores a la suya. Sin embargo, la de Thomas Edison fue la primera rentable y funcional que pudo comercializarse rápidamente.

El mismo día que presentó este gran invento al público, el 21 de octubre de 1879, uno de los periodistas que asistió al evento le preguntó si había pensado en rendirse en algún momento ante tantos fracasos. Edison respondió: «¿Fracasos? No sé a qué se refiere. En cada intento aprendí el motivo por el cual una bombilla no funciona».

Edison, quien fue expulsado de la escuela a los ocho años por ser impulsivo y propenso a la distracción, tiene más de mil patentes, registradas durante los 84 años que vivió, un número que nadie ha superado hasta la fecha. Entre estas están el telégrafo, el fonógrafo, las baterías de hierro y níquel y el micrófono de carbón. «Muchos de los fracasos en la vida los experimentan personas que no se dan cuenta cuán cerca estuvieron del éxito cuando decidieron darse por vencidos», decía. Su trabajo y su gran perseverancia le convirtieron en uno de los genios del siglo xx y, hasta el día de hoy, se le considera una de las figuras más influyentes en los campos de la ciencia y la tecnología.

La historia nos ha demostrado que está llena de vidas como la de Thomas Alva Edison, personas que entienden que equivocarse es un indicador de haberlo intentado y que seguir luchando es la única forma de hacer las cosas de otra manera. «El logro real no depende tanto del talento como de la capacidad de seguir adelante a pesar de los fracasos», decía Daniel Goleman.

Caer para volver a levantarse

¿Cuántas historias conocemos de inicios de proyectos que han acabado en el cajón de los desastres? Esto todavía se torna más problemático si, además, nuestro emprendimiento desemboca en una tragedia económica. Habremos perdido tiempo, dinero, esfuerzo y muchísima energía. La frustración, en estos casos, puede ser enorme. Pasamos de la ilusión al desánimo, de la emoción al desaliento en un abrir y cerrar de ojos.

La clave está en saber superar las adversidades y asumir el error desde su lado más positivo y constructivo. Ante situaciones complicadas, sobreponernos a los reveses de la vida es más bien cuestión de actitud y no de aptitud, porque encontrar la fuerza necesaria para volver a caminar no viene condicionado ni por la genética ni por la educación; es cuestión de determinación. De otra manera, rendirse, aceptar la situación como una derrota, solo nos llevará a recrearnos en la injusticia, a quejarnos sin sentido y a hurgar en la herida del fracaso y del error. O del error y del fracaso. ¿Cuál es la diferencia entre ambos términos?

Según el estudio *¿Son el error y el fracaso fuentes de aprendizaje y fortalecimiento empresarial? Un punto de vista desde la filosofía empresarial,* cometer un error no es fracasar; lo que sí es un fracaso es no aprender de él; es cuando cometemos errores continuamente y no cambiamos nuestras dinámicas. Porque en muchas ocasiones tropezamos con la misma piedra, la vemos, la reconocemos y volvemos a tropezar. Los autores del artículo también apuntan que el fracaso está directamente relacionado con las expectativas que uno tiene; a veces lo vivimos como una pérdida de algo que aún no tenemos, pero que esperábamos tener, incluso, a veces cuando uno ya lo ha dado por hecho.

Equivocarse es algo natural que a menudo nos da pánico; no obstante, de niños nos han enseñado que errar forma parte del acierto, del aprendizaje y del descubrimiento. Tener la capacidad de reconocer nuestros fallos, reflexionar sobre sus causas y efectos mejora nuestras habilidades de análisis y de toma de decisiones, lo cual nos acaba brindando mayor experiencia.

Estar preparado para el cambio se ha vuelto un aspecto fundamental para la supervivencia de muchas organizaciones. Sin embargo, adaptarse a los nuevos tiempos es sinónimo de innovar. Y cuando uno crea, arriesga, y existe la posibilidad de fallar. La cultura del error es todavía una asignatura pendiente en la mayoría de las compañías, que todavía asocian error con fracaso. De lo contrario, quien arriesga es valiente porque se expone; no solo es cuestión de carácter, sino también de seguir los ideales e ir en pos de ellos. Atreverse a probar fomenta el sentimiento de pertenencia y, en consecuencia, atrae y retiene el talento.

En Estados Unidos el fracaso es un aspecto más para anotar en el *curriculum vitae.* Emprender y fallar no es una mancha profesional sino una huella indeleble en la trayectoria de una persona, que alardea con honor de las cinco o seis veces que ha errado. Este hecho se ha convertido en una especie de *vox populi* o sabiduría empresarial cuando se habla de emprendimiento. «La única persona que no se equivoca es la que nunca hace nada», decía Goethe. La actitud de los estadounidenses se considera un extraordinario aprendizaje en ese «ciclo del fracaso»; es una nueva ocasión para innovar, para dar ese paso de más y recorrer esa milla extra. Mientras que en el otro lado del charco constituye una cuestión social: en nuestras fronteras, aun sabiendo que si navegamos por otras latitudes podremos llegar a pisar fuerte, nos cuesta interiorizar estas ventanas al fracaso y enfrentarnos a lo desconocido. Incluso las personas más positivas tenemos dificultades para verlo porque nos entrenan para el éxito y no para el fracaso, cuando en realidad este último es el que realmente deja huella del aprendizaje.

El fracaso es un asunto interno, como dice John C. Maxwell (2011) en su libro *El lado positivo del fracaso*, en el que revela que el secreto para ir más allá es convertirlo en una lección que nos haga de trampolín. Permítanme insistir: el fracaso es un asunto de actitud, de mirada y perspectiva.

El éxito no existe sin el fracaso previo

¿Hundirse y contemplar la vida con actitud pusilánime o pensar que ahí fuera quedan oportunidades para todos y a mal tiempo, buena cara? La percepción y la reacción ante el fracaso nos puede llevar a rendirnos o a seguir intentándolo de otra manera, como Rosa Parks, mujer estadounidense que nunca dejó de luchar para acabar con la segregación racial y cuya lucha nos sigue recordando que cada paso importa, que cada acción puede aportar más de lo que imaginamos.

Si miramos atrás, veremos una infinidad de ejemplos de personas que, pese haber tenido una vida marcada por las dificultades, consiguieron perseverar y sortear el reproche social.

El pintor francés Claude Monet, a lo largo de su amplia carrera, rompió sistemáticamente el molde en su forma de interpretar y plasmar sobre lienzo. Lideró el camino hacia el modernismo del siglo xx y puso nombre al movimiento impresionista al desarrollar un estilo único, y, sin embargo, sus innovaciones en el estudio del color y la luz fueron rechazadas por la sociedad por desafiar los cánones del realismo e ir en contra del estilo tradicional. Van Gogh creó más de 2.000 obras, pero solo vendió dos de ellas a lo largo de su vida; pobre y deprimido, aún más por su falta de éxito, se suicidó incomprendido a la edad de 37 años. Hoy en día sus obras se venden por millones de euros y es uno de los artistas más cotizados y buscados en el mundo.

La vida de Frida Kahlo estuvo marcada por la lucha constante. Las secuelas físicas y psicológicas que le dejó la poliomielitis a los seis años, el accidente de autobús a los 18 y tres abortos a lo largo de su vida la sumieron en un estado de continua depresión; incluso intentó suicidarse dos veces. Su vida se ha convertido en leyenda y está considerada un referente del feminismo, la libertad sexual y la discapacidad, aunque su trabajo no fue reconocido hasta años después de su muerte.

La conjura de los necios fue la obra que John Kennedy Toole intentó publicar en vida sin éxito. Las constantes negativas y rechazos de las editoriales derivaron en una profunda depresión que le condujo al suicidio con tan solo 32 años. Gracias a la tenacidad e insistencia de su madre, el libro fue por fin publicado póstumamente y alcanzó la venta de millones de ejemplares. En 1981 fue incluso galardonado con el Premio Pulitzer.

Son tantas las historias de incomprensión que sonroja imaginar que ninguna de estas personas llegó a saber de su éxito. Probablemente sintieron que su trabajo no fue reconocido o, peor, fueron juzgadas y excluidas, lo que las llevó a pensar que su vida era un fracaso y se aislaron emocionalmente. Pero si hoy son un referente histórico es por su perseverancia, esfuerzo y sacrificio. Pese a no sentirse valoradas ni respetadas, tuvieron suficiente coraje como para seguir adelante, incluso en momentos en los que la debilidad parece superar la fuerza.

A menudo, subestimamos nuestras posibilidades, nos rendimos al desánimo, a la decepción o incluso a la vergüenza de contar nuestras frustraciones. Decía Nelson Boswell: «La diferencia entre grandeza y mediocridad es a menudo cómo una persona ve sus errores».

El estigma pesa e impide otear el horizonte desde la cima porque por mucho que nos conozcamos a veces nos ponemos límites por miedo a ser discriminados. Grandes pensadores de la historia como Voltaire estaban convencidos de que «los prejuicios son la razón de los tontos».

Aunque a veces los juicios y prejuicios llevan al ser humano a conductas que miradas bajo el prisma de la razón carecen de sentido, existen muchos casos de personas que han sido rechazadas por otras que no han llegado a conocer su talento. Walt Disney fue despedido por un editor por no tener imaginación; a Steven Spielberg le fue negada tres veces la entrada a escuelas de teatro, cine y televisión; a Michael Jordan lo dejaron fuera del equipo de baloncesto de su instituto; The Beatles presentaron su primer proyecto musical a una discográfica que, cuando lo escuchó por primera vez, consideró que no tendrían futuro ni talento; la primera novela de Stephen King fue rechazada 30 veces. Su desesperación llegó a tal punto que decidió tirarla; afortunadamente su esposa le animó a continuar escribiendo. Oprah Winfrey fue despedida de su primer trabajo como reportera en una cadena de televisión por involucrarse emocionalmente en exceso con las historias que relataba.

La frase de Nietzsche «quien tiene algo por qué vivir, es capaz de soportar cualquier cómo» me hace pensar irremediablemente en la vida de Viktor Emil Frankl, neurólogo y psiquiatra austríaco, que durante la II Guerra Mundial fue internado en Auschwitz y en otros campos de concentración de la Alemania nazi. Sus vivencias marcadas por las penurias, el hambre y la sed le llevaron a inventar la logoterapia, un método terapéutico —explicado en su libro *El hombre en busca de sentido*— que se enfoca en descubrir el sentido de la vida y aliviar el sufrimiento humano. Decía Julio Cortázar: «Las palabras nunca alcanzan cuando lo que hay que decir desborda el alma»; así me siento al pensar en Viktor Emil Frankl.

Otra historia que, por muy conocida que sea su vida, no ha dejado nunca de sorprenderme fue la de Steve Jobs. Releer su vida me hace reafirmar que fue una persona visionaria, un icono que trascendió lo puramente tecnológico. El fundador de Apple salió casi por la puerta de atrás de su propia empresa en 1985 tras ser despedido por el presidente de la compañía por centrarse en el diseño y descuidar el negocio.

Y como no hay mal que por bien no venga, no solo sacó chispas de la desgracia y creó la productora Pixar, sino que años más tarde regresó a Apple. Su historia ha sido explicada millones de veces en libros, documentales y películas, pero él mismo la compartió en un acto de graduación en la Universidad de Stanford sin artificios ni ornamentos, con una gran carga emocional. Aquel discurso sobre la vida, el amor y la pérdida me marcó hasta el punto de llegar a ser fuente de inspiración para visitar la universidad años después.

Son historias de lucha y resiliencia de personas que, por muchos sinsabores que les ha dado la vida, han seguido adelante. Como estas, hay otros miles de relatos anónimos de dolor y fracaso, de pérdida y hundimiento. No obstante, detrás de cada caída hay una historia de esfuerzo y sacrificio.

Cómo pasar del amargo al dulce

El rechazo y el sufrimiento pueden llegar a pasar desapercibidos si uno tiene suficiente coraje, determinación y empeño. Forma parte de la naturaleza humana atravesar una etapa de profundo desconsuelo ante el fracaso. El dolor es inevitable; no obstante, sufrir por él es opcional. Caer en el victimismo conlleva una sensación crónica de pesimismo. Quedarnos donde estamos, resignados y quejumbrosos, tan solo nos llevará a un callejón sin salida, un pozo sin fondo de energía desperdiciada.

Si la vida te da limones, haz limonada. Todos hemos tenido amargos momentos; lo ingenioso es convertirlos en buen sabor. El error forma parte del aprendizaje; tenerle miedo es dejar de aprender; debemos dominar ese miedo en lugar de dejarnos dominar por él.

Es importante tener en cuenta que el emprendimiento trae una dosis importante de ansiedad, nos genera muchas preguntas y a veces inseguridades. Para no irnos de foco, debemos mantener la coherencia de la propuesta con la esencia y el propósito de la organización. Hay que considerar el fracaso como una posibilidad y prepararnos es lo que no nos enseñan; nadie nos dice que no debemos sentirnos culpables por los daños colaterales que podemos ocasionar o que nunca hay que anticipar algo fatídico.

Es esencial tener presente que los riesgos seguirán existiendo y que las decisiones que tomemos nos pueden llevar a que hayamos contratado la persona inadecuada, usado la tecnología incorrecta o elegido el momento equivocado para invertir. Para continuar construyendo y tomar las decisiones correctas, debemos tener en cuenta nuestros propios recursos tangibles e intangibles, desde la maquinaria hasta el equipo. El contexto es otro condicionante: hay que estar atento a los cambios del mercado para entender el entorno, la competencia y, por supuesto, qué busca y qué necesita el cliente. Pero a veces sucede que, en la búsqueda compulsiva por la innovación impelida por la coyuntura del momento, no aprovechamos los recursos con los que contamos.

En *el círculo de las nueve formas* debemos empezar por cambiar hábitos, costumbres y romper cadenas de comportamientos que no nos hacen bien. Darnos permiso para equivocarnos; entender y reflexionar, desde la tranquilidad que da no sentirnos culpables, qué aspectos de nuestras dinámicas podemos reenfocar. A partir de allí, y para concluir el ciclo, superar las vicisitudes transformándolas en nuevas ideas, nuevas creaciones. Importante será que las compartamos con nuestro entorno y busquemos la complicidad que nos permitirá avanzar ilusión.

Los superpoderes no existen, pero sí actitudes que llevan al éxito. Es importante marcarse expectativas realistas, compartirlas con el equipo, crear una cultura de innovación y confianza hacia un objetivo común con una visión compartida. Atreverse a equivocarse para seguir intentándolo con creatividad.

Se puede perder una estrella Michelin, no clasificarse para los Juegos Olímpicos o haber estado a punto de tener un Oscar entre las manos. Pero el deseo y la convicción de que con fortaleza se puede seguir avanzando debe ser más fuerte. Estamos delante de una nueva realidad y no podemos actuar como antes, sino que debemos intentarlo de una nueva manera porque «no es posible forjar el mañana si uno no se despoja primero del ayer» (Peter F. Drucker).

Decía Viktor Frankl: «No hay nada en el mundo que capacite tanto a una persona para sobreponerse a las dificultades externas y a las limitaciones internas como la consciencia de tener una tarea en la vida». Descubrir el propósito de nuestra vida es uno de los actos más creativos que podemos realizar. Si tenemos la suerte de hallarlo, nos daremos cuenta de que será un motor que nos aportará energía suficiente para enfrentarnos a cualquier tipo de obstáculo.

Figura 6.1. Círculo de las nueve formas

1 Cambia
Transforma el enfoque y rompe el ciclo de la culpa y el arrepentimiento.

9 Avanza
Define y establece una hoja de ruta con objetivos realistas y también ilusionantes.

2 Entiende
Háblate bien y comienza a mirar hacia adelante para entender las razones del fracaso.

Comparte
Compártelas el equipo o con us personas cercanas.

3 Reflexiona
Plantéate qué ha ido mal, cuáles fueron los pasos erróneos.

9 FORMAS DE AFRONTAR EL FRACASO Y AVANZAR

7 Crea
Enumera y prioriza as opciones.

4 Disecciona
Pregúntate qué habrías hecho de modo diferente.

6 Idea
Busca alternativas, oportunidades.

5 Reenfoca
Escribe qué has aprendido y en qué te ha reforzado.

Fuente: Elaboración propia.

Tiempo de reflexión

1. Este es el vídeo mencionado del discurso de Steve Jobs en 2005 en la Universidad de Stanford, en Estados Unidos. Escúchalo atentamente y extrae tus propias conclusiones.

Sigue este enlace o escanea el QR:
https://youtu.be/HHkJEz_HdTg

---

2. En este otro vídeo, Viktor Frankl es entrevistado en el programa *Man Alive* de la televisión canadiense CBC. Anota las ideas más inspiradoras que te inspiren.

Sigue este enlace o escanea el QR:
https://youtu.be/k6JeEkaaBt4

Tiempo de acción

1. Piensa en alguna persona a la que admires por su trayectoria. Investiga cuáles han sido sus pasos, cuál ha sido su camino. Hay biografías realmente excepcionales como las de Walter Isaacson (Leonardo da Vinci, Steve Jobs, Albert Einstein...) que pueden resultarte sumamente inspiradoras.

Anótate todo aquello que te aporte y no quieras olvidar.

Comparto alguna de las notas que voy tomando, precisamente del libro de Leonardo da Vinci, de Walter Isaacson, en su introducción:

> Steve Jobs mostraba una imagen de un cartel donde aparecía el cruce entre la calle de las artes liberales y la de la tecnología. Leonardo fue su héroe. «Vio la belleza en el arte y en la ingeniería —dijo Jobs— y su capacidad para combinarlos lo convirtió en un genio».

Y el autor, Walter Isaacson continúa:

> En realidad el genio de Leonardo era humano, forjado por su propia voluntad, y, a diferencia de Newton o Einstein —a quienes también estudió profunda y rigurosamente—, no se debía al don divino de una mente con una capacidad de procesar información que los simples mortales no entendemos. Leonardo casi no tuvo estudios y apenas sabía leer en latín o hacer divisiones complicadas. Su genio era de una clase que entendemos y que incluso nos sirve de ejemplo. Se basaba en las habilidades que podemos aspirar a mejorar en nosotros mismos, como la curiosidad y unas enormes dotes de observación. Poseía una imaginación agudísima que lindaba con la fantasía, una cualidad que podemos tratar de preservar en nosotros y de disfrutar en nuestros hijos.

2. Volvemos al análisis **ESAL.** Piensa en algún error reciente que te siga pesando en la cabeza y que recuerdes bien, y escribe los errores y aciertos, así como las sugerencias y los aspectos que mejorar en un futuro.

Análisis ESAL

✗ Errores	✓ Aciertos

💬 Sugerencias	✏ Lecciones aprendidas

3. Recuerda una situación en la que consideres que las cosas no han ido bien o te hayas sentido atascado. Observa el círculo de las nueve formas de cómo afrontar el fracaso y comienza por el paso 1. Explica qué hubieras hecho en cada uno de los pasos.

Figura 6.2. Círculo de las nueve formas

Fuente: Elaboración propia.

7

Cuida el mensaje: cada gesto comunica

«Los límites de tu lenguaje son los límites de tu mundo».

LUDWIG WITTGENSTEIN

En Real Academia Española (2014):

Lenguaje

1. m. Facultad del ser humano de expresarse y comunicarse con los demás a través del sonido articulado o de otros sistemas de signos.

2. m. Lengua (sistema de comunicación verbal).

3. m. Manera de expresarse.

4. m. Estilo y modo de hablar y escribir de cada persona en particular.

5. m. Conjunto de señales que dan a entender algo.

6. m. Código de signos. Lenguaje formal.

7. m. Inform. Conjunto de signos y reglas que permite la comunicación con una computadora.

A finadas, puras, mudas, otras pocas prohibidas; algunas más bien lúgubres, arrogantes y estridentes, otras afables, efusivas e imperantes. La musicalidad de la lengua queda al descubierto y la magia de las palabras cobra otra dimensión. Susurros, aullidos, berridos, ululatos. Cada sílaba, cada vocal o consonante, cada cadencia al pronunciarla nos lleva a un mundo de estímulos, de sonidos extravagantes y, desde nuestra faceta más teatral, le agregamos una cuota de enojo, júbilo o tristeza. En las diferentes inflexiones de nuestra voz para expresarnos, la melodía de las palabras cala en nuestro interior.

Palabras. Somos y estamos hechos de palabras. Nunca fui tan consciente de su importancia hasta llegar a Salamanca, donde en la Facultad de Filología me maravilló el sumo cuidado con el que se hablaba del *cómo* y no del *qué*, de la importancia de cómo debemos transmitir el mensaje, más que del propio contenido. Jamás imaginé ni me atreví casi a soñar que, años más tarde, iba a tener la maravillosa oportunidad, el increíble regalo, de esos que da la vida en ocasiones cuando se siente generosa, de dar una conferencia en el histórico paraninfo de la misma universidad que me enseñó. Pero eso es quizás otra historia…

Si bien el capítulo 5 nos paseaba ya por el poder de las palabras, nos pararemos aquí en la conjunción con los gestos, con la comunicación no verbal. Resulta relevante que lo que digamos no se contradiga con nuestro tono, gesto, mirada o actitud porque «el lenguaje puede ser fuente de malentendidos», como narra Antoine de Saint-Exupéry en su libro *El principito*. De ahí que aprender a comunicarnos sea un verdadero arte.

Si bien es verdad que el estudio del lenguaje nos da conocimientos sobre su uso, su estructura y su evolución, son las palabras las únicas que nos hacen sentir; las que nos abrigan o nos desamparan; las que acarician o golpean; las que nos pueden hacer amar o hacer odiar; las que alientan a seguir adelante o nos disuaden de continuar luchando.

Decir exactamente lo que queremos, sin notarnos torpes en el manejo de las palabras, no es tarea sencilla, aunque pueda parecerlo. Son la base de la comunicación, protagonizan las conversaciones, las discusiones, crean alianzas o desacuerdos. Conseguir trasladar lo que pensamos sin ofender, o persuadir para tratar que los demás colaboren es, en definitiva, comunicar de forma asertiva y en el ámbito profesional es esta habilidad la que marca la diferencia.

Rafael Echevarría en su *Ontología del lenguaje* coloca a la acción en el centro de la argumentación; afirma que, a través del lenguaje, no solo hablamos de las cosas, sino que alteramos el curso espontáneo de los acontecimientos: hacemos que estas cosas ocurran porque, en gran medida, el lenguaje crea realidades. El autor insiste en esta importancia del lenguaje, no solo como acción, sino como identidad:

> Además de intervenir en la creación del futuro, los seres humanos modelamos nuestra identidad y el mundo en que vivimos a través del lenguaje. La forma como operamos en el lenguaje es el factor quizás más importante para definir la forma como seremos vistos por los demás y por nosotros mismos (Echevarría, 2017, p. 23).

Ser y parecer

Cuando hay que comunicar en público en una determinada situación, nos surgen todas las preguntas: ¿cómo transmito confianza incluso en la incertidumbre? ¿Cómo le dilucido a mi equipo la situación sin que cunda el miedo? ¿Existe alguna forma de que nuestro mensaje suene contundente?

Las personas buscamos certidumbre en todo momento y un anuncio tranquilizador puede hacer cambiar nuestra perspectiva. Estamos invadidos por los silencios, la sobreinformación, el exceso de opiniones y la falta de criterio; una respuesta rápida y bien estructurada tendrá, sin duda, un efecto apaciguador. La clave es comunicar bien, de manera sencilla y a tiempo.

El psicólogo Paul Watzlawick, considerado uno de los padres de la *teoría de la comunicación humana*, sostiene en su obra que es imposible no comunicar. Como explica el autor en su libro *Antología de la comunicación humana*, ninguna persona puede dejar de comportarse porque cualquier conducta conlleva un acto de comunicación, a la vez que nos influenciamos los unos a los otros con este intercambio de ideas.

En este sentido, es esencial preguntarse cómo comunicamos, cuál es nuestra identidad y cómo queremos que nos vean. Tom Peters, revolucionario del marketing, en un artículo publicado en 1997 en la revista *Fast Company*, acuñaba el término *marca personal* en unos tiempos en los que el ser humano estaba lejos del *branding*. Lanzó este concepto con la premisa de que para crear nuestra propia marca debíamos ser los directores generales de nuestra empresa, a la que denominaba Yo, S. A. Si vas a ser una marca, debes concentrarte incansablemente en lo que haces que agrega valor, de lo que estás orgulloso y, lo más importante, de lo que puedes atribuirte el mérito descaradamente (Peters, 1997).

Para Peters es necesario, antes de crear nuestra marca personal, hacernos las mismas preguntas que si fuéramos a levantar una empresa: ¿quiénes somos?, ¿qué vamos a vender?, ¿qué nos hace diferentes?, ¿cuál es nuestro *target*? Y todo esto bajo una premisa: «Es imposible que nos salga todo perfecto si no amamos lo que hacemos».

El objetivo es construir un Yo, S. A. natural porque la artificialidad no conecta con las personas, sino que las ahuyenta. La idea es que seamos protagonistas de nuestro viaje y, en el camino, mejoremos nuestra esencia para que nuestro mensaje diga más que nuestras palabras en solitario.

El libro *El líder extraordinario* pone de manifiesto la importancia del diálogo frecuente, eficiente y convincente. Los autores Joseph Folkam y Jack Zenger declaran que una comunicación efectiva es una herramienta imprescindible para influir sobre las personas: saber encontrar nuevos enfoques, hacer las preguntas correctas, dar explicaciones necesarias, tener en cuenta otras opiniones, aceptar sugerencias, realizar recomendaciones, etc. Dicen que la habilidad que tiene el impacto más inmediato, y que ayuda o hiere más a un líder en una crisis, es la capacidad de comunicarse de manera poderosa y profunda.

La coyuntura que deja cualquier crisis hace que nos replanteemos si la comunicación como la entendemos hoy sigue siendo vigente. Cuando el futuro es incierto, la comunicación se convierte en eje del cambio social y el liderazgo ya no se entiende sin la capacidad de influenciar a través de las palabras. Una mala comunicación puede, incluso, llegar a destruir los espacios de inspiración, confianza y credibilidad.

No puedo evitar que me venga a la mente la oscarizada película *El discurso del rey*, protagonizada por Colin Firth, que interpreta de forma extraordinaria al rey Jorge IV. Tras asumir forzadamente el trono de Inglaterra en 1936, se ve obligado a hacer algo que le genera pánico: hablar en público. Sacudido por los complejos e inseguridades que van más allá de su rol, durante la película trata de sobreponerse a la tartamudez que arrastra desde su infancia y volver a recuperar la confianza en él mismo, sobre todo porque en vísperas de la Segunda Guerra Mundial debe dar la cara delante de todo el país. El largometraje abre con una escena donde el protagonista se muestra nervioso por su primera presentación en directo delante de un gran auditorio, una secuencia estremecedora al ver que las palabras no acuden a su garganta.

Esfuerzos parecidos son los que hemos tenido que hacer para adaptarnos a los cambios que han ido llegando e integrarlos en nuestro día a día —como el cara a cara, que fue sustituido por una pantalla— y en un tiempo récord, tuvimos que adaptar las reuniones, clases y conferencias al entorno virtual para que pudieran ser productivas.

Siempre he sido una persona que me he sentido cómoda en los escenarios, distendida en los directos y con ganas de conectar en los pasillos. No obstante, con el cambio del escenario real al virtual sentí pavor. Pese a los ensayos previos a mi primera intervención *online* con los estudiantes, noté que me temblaban las piernas, tuve miedo de perder la esencia, mi esencia. Y sentí que no conectaba.

Aproveché que los estudiantes estaban realizando un ejercicio para detener la espiral de inseguridad en la que se estaba metiendo mi mente. «Tengo que ser yo», me dije. El medio no debe impedírmelo; rendirme no era la opción. Cambian las formas, pero también se abren nuevas oportunidades de transmitir. Y comprendí algo que me trasladó a mi etapa en Salamanca y es que la clave no era qué decía, sino cómo. A partir del momento en el que entendí la importancia de ser flexible, de usar recursos diferentes, de escuchar de verdad a mi audiencia, abandoné la rigidez y todo fluyó.

El poder del *storyliving*

Llegar a conectar con el público no es tarea fácil, pero es la única para que nuestros mensajes permanezcan no solo en la mente de los y las oyentes, sino también en su corazón.

Ante la imperiosa necesidad de mantener a la persona receptora activa para alcanzar los objetivos comunicativos, debemos, ante todo, informar, pero también entretenerla con contenido de calidad. No obstante, muchas veces la clave no está en la temática de la presentación, sino en la forma en cómo comunicamos la información.

Para potenciar la fidelización de los clientes o las personas que forman parte de las organizaciones, una de las herramientas más utilizadas a lo largo de los últimos años es el *storytelling*: explicar una historia simple con la que la persona se sienta identificada. Nos fascinan los relatos, las anécdotas, las fabulas. Contarlas, escucharlas e incluso verlas. No es ningún formato nuevo; el *storytelling*, como lo entendemos hoy, es anterior a la escritura; es una de las formas más antiguas de literatura popular. Los primeros cuentos, fábulas o leyendas fueron de origen folclórico, se trasmitían oralmente y tenían infinidad de elementos mágicos.

Esta técnica es aplicable a cualquier contexto que implique narrar una noticia o información de manera diferente a la convencional para ser más atractiva. Crea una relación más positiva y duradera con la audiencia, que acaba reteniendo lo que se cuenta como un recuerdo difícil de borrar.

Sin embargo, en los últimos tiempos hemos vivido una saturación de historias en los congresos, charlas TED, anuncios, incluso en la comunicación de las entidades bancarias. El público se encuentra saturado y escéptico. La necesidad de establecer lazos emocionales plantea al *storytelling* como una estrategia obsoleta y desgastada. El mayor desafío de la comunicación se produce al hablar de nuestro universo interior, aquellas historias personales, motivadoras, inspiracionales o de superación que mueven a la reflexión y con una dosis mesurada de datos, los justos y necesarios para que aporten y sumen.

La narración emocional es la única que consigue llegar al corazón antes que a la cabeza porque sentimos más rápido de lo que pensamos. La emoción ejerce una influencia enorme en el consumo de información. Por eso, en este contexto de saturación, las grandes marcas ofrecen una experiencia diferencial al transformar su *storytelling* en *storyliving*, proporcionando a sus clientes y empleados la posibilidad de vivir y acercarse al producto y a la empresa.

Es complejo poner nuestros sentimientos en palabras y, sin embargo, nos resulta casi imposible desligarnos de las emociones que se generan al escuchar algo que cala en nuestro interior.

La escucha activa ya no es suficiente, sino que vamos más allá; nos fijamos en la reacción que desatan nuestras frases porque nos dará pistas sobre si lo que estamos contando está penetrando en la audiencia. Si, por el contrario, esta no reacciona o comprende como esperábamos, es muy probable que el error esté en nuestro planteamiento. Conocer al receptor, tener claro el objetivo y entender el contexto serán solo las primeras notas del acorde.

Más allá del triunfo de las grandes, buenas y emocionantes historias, debemos utilizar nuestra capacidad de oratoria como herramienta de comunicación generadora de empatía, que logrará despertar interés. Mediante los labios, la mirada, la voz, debemos construir el discurso basándonos en ideas claras, breves y sencillas, combinando naturalidad, razón y emoción.

La no verbalidad de la comunicación

María Gloria Monterubbianesi afirma en su *Estudio de la comunicación no verbal* que cuando la comunicación verbal falla o es obstaculizada de alguna forma, el único medio de transmisión de mensajes, pensamientos y emociones que tenemos es, desde los primeros instantes de vida, la comunicación no verbal. Fueron el psiquiatra Jürgen Ruesch y el fotógrafo Weldon Kees quienes publicaron el primer libro que utilizó el término *no verbal*: *Nonverbal communication* (1956). Y recurriendo a los clásicos que tanto nos siguen guiando y enseñando en este tema, y en concreto a Cicerón en *La invención retórica* y a Marco Fabio Quintiliano en su *Institución oratoria*, estos hablaban ya del valor de la *dispositio* del orador para persuadir al auditorio.

Nuestra forma de relacionarnos está cambiando, y con ella nuestro uso del lenguaje no verbal, que vive una evolución continua. Algunos cambios quedan integrados para siempre; otros van fluctuando con los años, y el mundo no verbal tendrá que adaptarse a los nuevos desafíos que se presenten en el futuro.

El tono de voz tiene un extraordinario poder comunicativo. Dependiendo de cuál empleemos, el mensaje puede llegar de forma completamente diferente. Preferiblemente debe ser una voz firme, segura, que contagie autocontrol; ni muy acelerada ni muy lenta, que no denote nervios o tensión ni tampoco indiferencia o desconocimiento. En esta comunicación incluso los silencios, en ocasiones incómodos, ayudan a la reflexión, a no hablar de más. Como dijo Shakespeare en su *Otelo*, «es mejor ser rey de tu silencio que esclavo de tus palabras».

Escuchar significa interesarse de manera genuina en lo que dice y lo que siente la otra persona. Las pausas sin sonidos nos permiten entender de manera real, activa, libre de prejuicios y de obcecaciones. Porque cuando se está en sintonía con quien hablamos, acabamos generando una confianza que nos sirve para detectar problemas, negociar e inspirar.

Si nos hablan con una entonación con personalidad, podemos atribuir a la persona cualidades como la de competente, segura o afectuosa. Una voz poco armoniosa nos puede generar miedo, autoridad o nerviosismo.

Y la sonrisa merece un párrafo aparte. La sonrisa es el medio de acercamiento cultural que lima asperezas, que saluda, que tiende puentes, que agradece o se torna cómplice. Es una de las formas que tenemos para conectar con las personas. Y la sonrisa debe ser de verdad, como desde dentro; con los ojos como cómplices de sentimiento y de movimiento.

«Quien no comprenda una mirada tampoco comprenderá una larga explicación», dice el proverbio árabe. La mirada crea una conexión recíproca y mutua que rompe cualquier barrera que el lenguaje común no puede romper. Es un importante mecanismo en el que hay un intercambio, un juego de ojos, un espacio de encuentro en el que no hace falta decir nada porque se sobreentiende. Un romántico Gustavo Adolfo Bécquer ya decía: «El alma que hablar puede por los ojos también puede besar con la mirada».

A veces no somos conscientes del impacto que la comunicación no verbal tiene en nuestro día a día. Nuestro lenguaje corporal refleja nuestro estado de ánimo: podemos cruzar los brazos cuando nos sentimos inseguros o amenazados, por ejemplo; o extenderlos cuando nos sentimos cómodos; taparnos la boca al mentir; o mordernos las uñas mostrando nuestro nerviosismo o inseguridad. Es importante recalcar que los gestos no son nada sin analizar el contexto. Los estudios de Amy Cuddy, psicóloga investigadora en comunicación no verbal, muestran que el lenguaje corporal también puede retroalimentar nuestras emociones.

Creer lo que decimos y cuidar cada gesto por encima del mensaje transmitirá más allá de las palabras. Guy de Kawasaki en *El arte de cautivar* afirma que nuestras palabras son expresiones faciales de nuestra mente: comunican nuestra actitud, nuestra personalidad y nuestro punto de vista. Cuidar el mensaje es cuidar a quien nos escucha.

Tiempo de reflexión

La psicóloga Amy Cuddy pone de manifiesto en su charla que el lenguaje corporal determina cómo nos ven los demás, pero al mismo tiempo también puede modificar cómo nos vemos a nosotros mismos. Escucha su intervención y obsérvate cómo interactúas en los diferentes ambientes y contextos:

Sigue este enlace o escanea el QR:
https://www.ted.com/talks/amy_cuddy_your_body_language_may_shape_who_you_are

1. ¿Qué gestos utilizas cuando la situación es positiva y alegre?

2. ¿Cómo te comunicas en entornos inciertos donde el miedo y la preocupación están muy presentes?

3. ¿Cómo reaccionas a la vergüenza o timidez, quizás en contextos donde no conoces a nadie de los presentes?

4. ¿Y el enojo? ¿Cómo actúa tu cuerpo cuando te enfadas?

Tiempo de acción

1. Conocer nuestro tono de voz, la velocidad con la que hablamos y el volumen es el primer paso para la mejora. Grábate, escucha y observa. Analiza tu tono y, si es muy lento y bajo, intenta ponerle ritmo y a la inversa: si hablas de forma demasiado acelerada y gritando, intenta corregir.

2. Tras una conversación con clientes o equipo, analiza tus actos:

   − ¿Te han venido ideas a la cabeza que no te dejaban centrarte en el mensaje que emitía la persona interlocutora?

   − ¿Has dado algún consejo mientras comentaban la situación?

   − ¿Has interrumpido? ¿Cuántas veces?

   − ¿Has cortado a la persona para exponer tu opinión o decir algo parecido?

   − ¿Has acabado sus frases?

   Si alguna de las respuestas es afirmativa, es clave ser consciente de que hay margen de mejora en esa escucha activa.

   − ¿Qué harías de forma diferente?

3. El cine es un gran maestro, una maravillosa herramienta de aprendizaje. Y esto no es solo una afirmación basada en la intuición. Estudios como el de Dark en 2005 o el de Díaz Herrero y Gertrudis Barrio en 2021 afirman que el uso de las películas fomenta el pensamiento creativo y, además, supone una excelente ayuda visual para el aprendizaje. Así que, con esto en mente, te sugiero algunas películas. No son las únicas, ni mucho menos... Solo una mirada personal a películas en las que la comunicación no verbal deja huella. Nombro algunas y no haré espóiler contando el argumento:

- **Wall-E** (2008). Aunque es una película animada, Wall-E utiliza una comunicación no verbal fascinante para transmitir emociones y contar una historia apasionante.

- **Amélie** (2001). Una película francesa muy especial en la que la protagonista, Amélie, encuentra satisfacción en realizar pequeños actos de bondad hacia otros, y la comunicación no verbal desempeña un papel relevante.

- **Lost in translation** (2003). Dos personajes se encuentran en Tokio y no hablan el mismo idioma. Conexión más allá de las palabras.

- **El piano** (1993). Una pianista muda en una película ambientada en la Nueva Zelanda del siglo XIX. Inolvidable la banda sonora.

- **En busca de la felicidad** (2006). Basada en una historia real, no deja indiferente ni cuando la ves varias veces.

- **Nomadland** (2020). La comunicación no verbal para expresar la búsqueda de significado.

- **The crown** (2016). Serie histórica que sigue la vida de la reina Isabel II y otros miembros de la familia real británica. La comunicación no verbal, especialmente en las escenas de la corte y los eventos oficiales, es una parte significativa, interesante y curiosa para mostrar el protocolo y la etiqueta real.

- **Atípico** (2017). He dejado para el final esta serie, que me parece una joya. Tan diferente, tanto aprendizaje. La comunicación no verbal es una parte importante para comprender los desafíos y las relaciones sociales del protagonista. Este es el *tráiler*.

Sigue este enlace o escanea el QR:
https://youtu.be/3qNkNtjGtEU

8

Las emociones se retroalimentan

«Escucha con la cabeza, pero deja hablar al corazón».

MARGUERITE YOURCENAR

En Real Academia Española (2014):
Emoción
f. Alteración del ánimo intensa y pasajera, agradable o penosa, que va acompañada de cierta conmoción somática.
f. Interés, generalmente expectante, con que se participa en algo que está ocurriendo.

En el mundo moderno, pocas mercancías valen más que el arte. Si, además, el apellido del artista se sitúa en la Italia renacentista, estas cantidades pueden ser prácticamente inalcanzables. Para comprender la relación entre arte, mecenazgo y poder, debemos remontarnos 600 años atrás y situarnos en el seno de la familia Medici.

Fueron el linaje de mecenas más importante de Italia y de Europa, una influyente familia de banqueros que, con su fortuna, patrocinaron desinteresadamente a *artistas, poetas, pensadores y científicos* de la época. Gastaban el dinero en retratos, bodegones y frescos que encargaban a algunas de las personalidades más renombradas del momento —Filippo Brunelleschi, Leonardo da Vinci, Raffaello, Donatello, Michelangelo, Sandro Botticelli— ya fuera por motivos intelectuales, estéticos o de estatus.

Esta concentración de talentos de múltiples campos transformó la Florencia del siglo xv en el epicentro de una de las eras más innovadoras de la historia. El *Renacimiento* fue la mayor revolución artística, científica y cultural de todos los tiempos; se extendió por toda Europa y supuso un fuerte cambio de paradigma. Esta nueva etapa llena de conocimiento planteó una nueva forma de ver el mundo y al ser humano, con grandes transformaciones políticas, económicas y filosóficas. Por primera vez se crearon expresiones pictóricas que se alejaban cada vez más del arte religioso.

«Florencia fue el laboratorio de un gran experimento en el que el arte se hizo más precioso que el oro», comenta el historiador Graham Dixon en la BBC. Pero ¿qué hizo que se diera esta colisión explosiva de fuerzas? La clave fue reunir a los grandes pensadores del momento y que se integraran los unos con los otros. Allí se conocieron, aprendieron y consiguieron eliminar las barreras entre disciplinas y culturas. Walter Isaacson escribe en su introducción a la biografía de Leonardo Da Vinci:

> Me embarqué en este libro porque Leonardo da Vinci constituye el paradigma del principal tema de mis anteriores biografías: la capacidad de establecer conexiones entre diferentes disciplinas. Artes y ciencias, humanidades y tecnología: es la clave de la innovación, de la imaginación y del genio.

Esta mezcla de mentes conectadas produjo un gran número de ideas nuevas y rompedoras.

El efecto Medici, además de un libro, es también un concepto que se debe al experto en innovación y diversidad Frans Johansson, quien le dio a su *bestseller* el mismo nombre con el que bautizó el *efecto*. El autor vio no solo una familia revolucionaria que cambió el curso del arte y la civilización, sino un efecto que responde a un mismo patrón: los grandes avances creativos se producen cuando se combinan conceptos desde miradas múltiples y surgen ideas nuevas diferentes e incluso desconocidas.

> Las innovaciones se producen cuando las personas ven más allá de su experiencia y realizan nuevas combinaciones de recursos, ideas y culturas. (…) Nosotros también podemos crear el efecto Medici. Podemos iniciar esa explosión de ideas extraordinarias y aprovecharnos de ellas como individuos, equipos y organizaciones. Podemos hacerlo buscando los lugares en los que conectan (Johansson, 2004).

Para lograr ese punto de convergencia de nuevas formas de hacer, es necesario que existan ecosistemas creativos en los que nada se dé por sentado, sino que se aprenda de forma diferente, que surjan preguntas y se entrelacen unas mentes con las otras. El mundo globalizado actual necesita espacios donde las personas con distintas formaciones y perspectivas se mezclen para desafiar nuevos retos y explorar maneras distintas de resolver y gestionar lo que acontezca. El entorno, la confluencia y la libertad serán ingredientes clave para favorecer la innovación, la creatividad y la curiosidad.

El derecho a los ambientes sanos

En 2010, la Organización Mundial de la Salud (OMS) publicaba un documento sobre ambiente laboral en el que demostraba que la riqueza de las empresas dependía de la salud de las personas. Decía, además, que la seguridad y el bienestar son de fundamental importancia para los propios trabajadores y sus familias, al tener un vínculo directo con la productividad, la competitividad y la sostenibilidad de las empresas. La pregunta inmediata que probablemente nos hagamos sea: ¿qué es un ambiente saludable?

Según la OMS,

> Es aquel en el que los trabajadores y el personal superior cola-
> boran en la aplicación de un proceso de mejora continua para
> proteger y promover la salud, la seguridad y el bienestar de todos
> los trabajadores y la sostenibilidad del lugar de trabajo, teniendo en
> cuenta las siguientes consideraciones establecidas sobre la base de
> las necesidades previamente determinadas:
>
> temas de salud y de seguridad en el entorno físico de trabajo;
>
> temas de salud, seguridad y bienestar en el entorno psicosocial de
> trabajo, con inclusión de la organización del trabajo y de la cultura
> laboral;
>
> recursos de salud personal en el lugar de trabajo;
>
> maneras de participar en la comunidad para mejorar la salud de los
> trabajadores, sus familias y otros miembros de la comunidad (OMS,
> 2010).

Esta definición refleja algo que quizás en contextos de crisis generales adquiere especial relevancia: la adaptación a nuevos entornos exige
un gran esfuerzo y es importante atender a los aspectos psicosociales
y organizativos para proteger la salud (*física, psíquica o social*) y el
bienestar de la población trabajadora. Tal y como apunta en su estudio y análisis *El futuro de la seguridad y salud en el trabajo*, la profesora
de derecho del trabajo de la Universidad de Salamanca María Luisa
Martín (2020), uno de los principios básicos es que el entorno laboral
no solo no debe ser una fuente de peligro para la integridad física y
psíquica del trabajador o trabajadora, sino que debe estar orientado a
conseguir protección para mejorar la integridad psicofísica y aumentar
la calidad de vida.

Cuando nos tenemos que adaptar a una nueva situación laboral, la
percepción de mayores exigencias a las habituales es común y afecta
directamente al desarrollo del trabajo. *Un ambiente* desfavorable puede
traer consecuencias perjudiciales y disparar nuestra respuesta fisiológi-
ca al estrés o a la ansiedad.

El desconocimiento a los cambios puede generar una reacción impredecible en nuestro puesto de trabajo. El malestar emocional tiene unos efectos directos en la salud de las personas.

Los vaivenes sobre el futuro añaden complejidad a este panorama en el que los trabajadores podemos presentar problemas de productividad vinculados al presentismo, menor capacidad de concentración, mayor frecuencia de errores, reducción de la capacidad de trabajo, soledad, aislamiento y dificultades de relación interpersonal.

Resulta evidente que en momentos en los que la sociedad es más propensa al desánimo, los líderes deben promover ambientes sanos, cuidar y velar por el bienestar, e incitar a la innovación, la creatividad, la participación y el desarrollo profesional de las personas que la integran.

Es muy probable que la persona lectora sienta que en alguna ocasión en su vida ha trabajado en una organización que estaba muy alejada de ser sana. Uno se vuelve un poco niño en esas circunstancias, con las pilas a medio gas cada lunes, una sensación de atadura que amarga cada día y una desmotivación que hace que sienta y perciba no solo que no aporta y su trabajo no es bueno, sino que ya dejó de ser esa «persona con mucho potencial» que siempre le habían dicho. Lamentablemente, muchas personas se ven obligadas a aferrarse a un puesto que, en otras circunstancias, habrían abandonado sin pensárselo, al sentir que son lo que no querían ser y en lo que no querían convertirse.

Me temo que no puedo negar que me he sentido así en algún momento a lo largo de mi carrera, con la amarga sensación de desenamorarme cada día, de perder la ilusión y, aun así, de tener que estar vinculada por diferentes situaciones. Difícil romper el círculo. Trabajaba en consultoría, un sector de por sí competitivo. Mi jefe tenía su propia forma de hacer las cosas y su visión sobre cómo ejercer la dirección. Creía que el autoritarismo y el poder eran la única vía para conseguir el respeto, cuando, en realidad, lo que provocaba era miedo, y sabemos que el miedo paraliza.

Las consecuencias eran previsibles: dejé de ser creativa. Dejé de sentir pasión por lo que hacía. No era algo que yo quisiera; simplemente ocurría.

En aquella empresa las reuniones con el consejo directivo eran una auténtica pesadilla. El propio consejo, como un ente que forma parte de un todo, se había vuelto insensible a lo que estaba ocurriendo, como llevado por la corriente de un río cuya agua se va quedando quieta. Y se estanca. Recuerdo que esta situación, semana tras semana, superaba tanto a uno de mis compañeros que antes de estos encuentros enfermaba o vomitaba, preso por la presión de lo que después ocurría.

El ambiente era tan agresivo que ni siquiera entre equipos nos uníamos para ayudarnos; más bien reproches, competencia desleal y un sinfín de despropósitos llenaban el día. Cuando el jefe se iba de viaje, la atmósfera cambiaba: nos sentíamos liberados, nos relajábamos por completo. La expresión «cuando el gato no está los ratones bailan» no podía ser más literal.

La historia no termina con un final feliz. Poco a poco todos fuimos dejando la empresa porque otras nos reclutaban, sabiendo que los perfiles eran muy competentes. Como consecuencia, la fuga de talento fue uno de los desencadenantes del cierre definitivo. Este es un caso que puede parecer aislado y extremo, pero nada más lejos de la realidad. Esas reuniones de egos y discordias, en las que se cree que la tensión es amiga y la desavenencia entre compañeros una buena estrategia, desgraciadamente siguen existiendo.

En la actualidad, y pese a los cambios y adaptaciones que estamos viviendo constantemente en este entorno global, el trabajo nos demanda desplegar una serie de recursos personales relacionados con competencias emocionales y sociales como la empatía y la resiliencia. De forma consciente debemos tener presente que nuestras emociones y el impacto que estas generan en los demás pueden provocar un clima positivo o negativo.

Durante mucho tiempo el estudio científico de las emociones positivas se consideraba algo superficial; no obstante, en la actualidad esa tendencia no solo está cambiando, sino que parece más relevante que nunca para transformar organizaciones. Barbara Fredrickson, experta influyente en la investigación de las emociones y psicología positiva, asegura y demuestra que el entusiasmo o el afecto sirven como marcadores de prosperidad o bienestar.

Las emociones positivas son vehículos para el crecimiento individual y la conexión social: al construir los recursos personales y sociales de las personas, las emociones positivas las transforman para mejor, dándoles mejores vidas en el futuro. Las capacidades para experimentar alegría, interés, satisfacción y amor pueden interpretarse como fortalezas humanas fundamentales que producen múltiples beneficios interrelacionados (Fredrickson, 2001).

Mentes resilientes

Las dificultades siempre han sido un vector de impulso para aquellas empresas que han sabido transformarlas en oportunidades. La historia está llena de ejemplos de grandes explosiones de creatividad en guerras, situaciones de pobreza o depresiones económicas.

Este proceso de adaptación positiva, de saber reinventarse, de acercarse a las necesidades reales de un mercado convulso en tiempo real, de crecerse frente a la adversidad es determinante en la supervivencia del negocio. En momentos en los que existen múltiples interrogantes y el camino es espinoso, una organización resiliente es la que progresa si afronta con mejores garantías las dificultades y es flexible frente a futuros retos.

La resiliencia debe formar parte intrínseca de la naturaleza de la organización. La clave del éxito es crear una cultura que comprenda y comparta los valores resilientes, que serán la brújula de la estrategia y se manifestará en todos los niveles, decisiones y acciones de la organización. Esta cultura ayuda a valorar y enfrentarse de forma positiva a las novedades, ambigüedades y dificultades, percibiéndolas como retos. Para ello, las organizaciones resilientes estimulan el talento individual y colectivo, favorecen y estimulan la participación, el empoderamiento y la asunción de responsabilidades, y valoran los logros conseguidos (Martínez-Losa, 2018).

Cada vez estamos más expuestos a entornos inestables, ambiguos y amenazantes cuyo malestar se extiende y genera sufrimiento y emociones negativas, pero, al mismo tiempo, permite desarrollar fortalezas para aquellos que saben aprovecharlas. En ocasiones, las situaciones complicadas nos abren puertas que desconocemos si no damos el paso de dirigirnos a ellas y ver dónde nos llevan, como esa Alicia en el País de las Maravillas a la búsqueda de la puerta correcta:

> Había puertas alrededor de todo el vestíbulo, pero todas estaban cerradas con llave, y cuando Alicia hubo dado la vuelta, bajando por un lado y subiendo por el otro, probando puerta a puerta, se dirigió tristemente al centro de la habitación, y se preguntó cómo se las arreglaría para salir de allí.

Resulta muy curioso leer a Daniel Coyle en *El pequeño libro del talento* y ver de qué manera hace un llamamiento y un elogio de lo espartano, de lo que está «fuera de nuestro control». Con su enorme experiencia con emprendedores y semilleros de talento comenta algo realmente interesante:

> A todos nos gustan las comodidades. Nos encantan las instalaciones prácticas y ultramodernas... El lujo actúa como un narcótico de la motivación: indica a nuestra mente inconsciente que se esfuerce menos. Le susurra: relájate, ya lo has conseguido.

En palabras de Marisa Salanova, catedrática de Psicología Social, «aquellas organizaciones resilientes que son capaces de aprender de la adversidad y salir reforzadas son las que tienen más ventaja a la hora de afrontar las crisis». En cambio, aquellas ancladas en el ayer, que siguen prácticas antiguas y tienen poca capacidad de enfrentar los desafíos, tendrán serias dificultades para responder de forma efectiva a las situaciones de reto.

Salanova (2009) asegura que las organizaciones saludables y resilientes, a las que denomina HERO, surgen especialmente en situaciones de cambios bruscos o turbulencias financieras. De acuerdo a su modelo HERO, en este tipo de organizaciones existen tres componentes claves que interaccionan entre sí (véase la Figura 8.1).

Además, señala que las relaciones saludables se consolidan cuando en las organizaciones las tareas son claras, los roles determinados y hay una autonomía en el trabajo desempeñado. De la misma manera, la catedrática plantea que la variedad, el *feedback* y la información sobre las tareas realizadas por los empleados son factores determinantes para su supervivencia y desarrollo futuro.

Figura 8.1. Modelo HERO

Recursos y prácticas organizacionales saludables

Empleados saludables

Resultados organizacionales saludables

Fuente: Salanova (2012).

Cuestión de vínculos

La manera de vincularnos con nuestro entorno está directamente relacionada con la manera de ser y de sentir. Nuestra vida está plagada de historias que retenemos en la mente por el vínculo afectivo, que nos han hecho mella. Otras, desde luego, las queremos borrar.

Las relaciones se basan en una serie de pilares indispensables que llevan al bienestar mutuo, al apoyo y a la confianza. Vincularse significa conectar con alguien o con algo desde los diferentes planos de nuestro ser. Diferenciamos entre vínculos sanos —aquellas relaciones que nos aportan bienestar y claridad— y vínculos tóxicos —los que nos dañan psicológicamente—. Durante mucho tiempo se ha hablado de *personas tóxicas*, aunque no puedo negar que esta expresión siempre me ha parecido un tanto categórica. Según la definición de la RAE, *tóxico* significa «que contiene veneno o produce envenenamiento».

A menudo, la inestabilidad y la incertidumbre pueden ser un caldo de cultivo para el desarrollo de la toxicidad. Es probable que hayamos experimentado entornos en los que había comportamientos similares. Son varios los investigadores que han puesto el foco en el estudio de este tipo de conductas en el liderazgo y cómo afectan a las organizaciones. Los autores Ståle Einarsen, Merethe Schanke Aasland y Anders Skogstad (2017) las definieron como «comportamiento sistemático y repetido por un líder, supervisor o gerente que viola el interés legítimo de la organización al socavar los objetivos de esta, las tareas, los recursos, la eficacia, la motivación, el bienestar o la satisfacción en el trabajo de sus subordinados».

El liderazgo destructivo se aleja de sumar o aportar. Este estilo generalmente implica egoísmo, uso personalizado del poder, dominio y manipulación. Ocurre que esta toxicidad acaba afectando de forma directa a la cultura de empresa, a los equipos y también a la reputación e imagen de esta y por supuesto a su rentabilidad.

En sentido opuesto, los vínculos sanos nos nutren intelectual y emocionalmente. No hace tanto, me alojé en un hotel cuyo equipo había formado. Cuando estaba en el *hall* haciendo el *check-out*, me crucé con su relaciones públicas en la puerta. Me sorprendió que siendo domingo anduviera por allí, así que le pregunté. Su respuesta fue todo menos habitual. Dentro del equipo había una persona con sobrepeso y el médico le había prescrito, entre otras medidas, hacer deporte. Varias veces a la semana todos sus compañeros salían a correr con él, como forma solidaria para motivarlo. Me emocionó escucharle y me dijo: «¿Cómo no íbamos a hacerlo por él?, es nuestro compañero».

Cuando hay un buen ambiente las personas se ayudan. Es esencial que los líderes desarrollen prácticas organizacionales saludables y cuiden aspectos como la conciliación, los programas de salud o las horas extras. El bienestar emocional debe convertirse en una prioridad para garantizar la excelencia. Crear espacios de comunicación, promover el trabajo en equipo y mostrar interés por sus preocupaciones ayudará al equipo a sentirse partícipe de las decisiones que se toman y que les afectan.

Las recetas universales perfectas no existen, pero sí la convicción de que otra forma es posible. Adaptar los pasos a las situaciones, al contexto, a las personas y al momento marcará la hoja de ruta con el foco en las necesidades reales de la organización. La persona líder debe esforzarse para que se genere un ambiente de trabajo sano y saludable desde el respeto y eso implica planificación, pero sobre todo convencimiento.

Gestionar las emociones es de las asignaturas más complejas y desafiantes en el liderazgo. No nacemos sabiendo, sino que el liderazgo se fragua: el aprendizaje es esencial, continuo y permanente. Si hay personas que pueden llevar innata la capacidad de influenciar, sin duda, es un escaso don.

Si bien cada empresa tiene sus maneras, la improvisación no es el camino para lograr la máxima efectividad. Las organizaciones necesitan líderes efectivos positivos, integradores y flexibles que motiven e infundan determinación; que fomenten esas organizaciones sanas de desarrollo y de cuidado a los equipos; que promulguen que los propios equipos tengan independencia para hacer y sumar; que recreen ese *efecto Medici* encendiendo un torbellino de posibilidades desde el respeto por la diferencia hasta la diversidad para evitar patrones repetitivos, y que sean conscientes de su responsabilidad, porque las emociones se contagian y se retroalimentan.

Tiempo de reflexión

A partir de la reflexión de tus acciones en las últimas semanas contesta las siguientes preguntas:

- ¿Qué acciones has realizado en los últimos tres meses para fomentar un ambiente sano tanto en el ámbito personal como en el profesional?

- ¿Qué acciones podrías realizar en los próximos tres meses?
- ¿Consideras que estás preparado o preparada para encarar una situación de crisis? ¿Qué necesitas potenciar y reforzar?
- ¿Cómo puedes hacerlo y por dónde vas a empezar?
- ¿Qué actividad realizas para poder desconectar y reconectar?
- ¿Cómo te sientes después?

Escucha esta entrevista al Dr. Mario Alonso Puig, médico y cirujano, sobre hábitos saludables y reflexiona sobre tu cuidado.

Sigue este enlace o escanea el QR:
https://youtu.be/-_r13m0taHc

Tiempo de acción

1. El proceso U

El proceso-U (U-Process) está basado en la creencia de que existen múltiples formas de lidiar con problemas altamente complejos, algunas de ellas más exitosas que otras. Este proceso ayuda a pensar de manera más profunda y reflexiva. En *Presence*, de Peter Senge, Otto Scharmer, Joseph Jaworski y Betty Sue Flowers proponen un modelo en «U» que recorre las etapas que caracterizan a todo proceso de cambio: observación, introspección y acción (percibir, presenciar-darse cuenta). Tal y como afirma Hassan (2006), para crear las condiciones para el surgimiento de la regeneración, el proceso-U (U-Process) esboza tres fases que implican siete capacidades. Cada una de estas fases —percibir, presenciar-darse cuenta— implica la creación de un ambiente específico como respaldo para un tipo particular de aprendizaje.

Figura 8.2. El Proceso-U

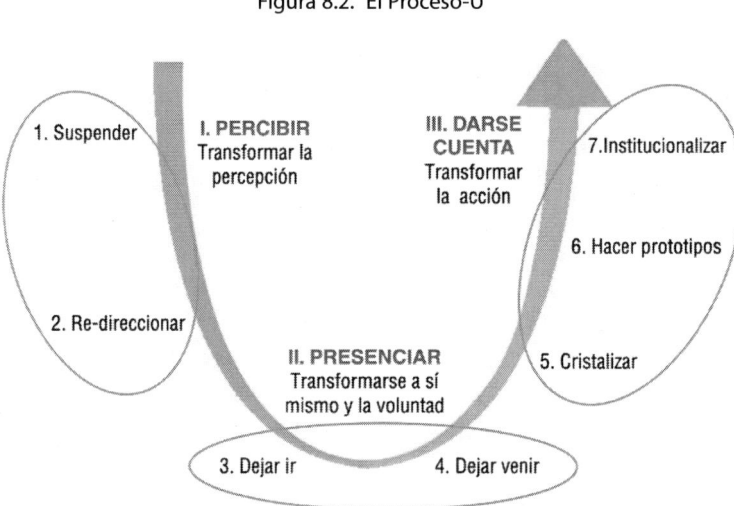

Para crear las condiciones para el surgimiento de la regeneración, el Proceso-U (U-Process) esboza tres "fases" que implican la creación de ambientes específicos para respaldar tipos particulares de aprendizaje. Para pasar por estas fases, tenemos que desarrollar y usar siete "capacidades".

Fuente: Hassan (2006).

La diferencia con enfoques anteriores está en los «niveles de profundidad» del aprendizaje. Así, la observación no se limita a recolectar información, sino que se propone dilucidar una nueva manera de ver el mundo. La acción promueve comportamientos creativos que apuntan a captar la pasión y el compromiso de los empleados de una empresa o los miembros de una comunidad

Si estás en un momento complejo, desafiado por un asunto complejo o a una tarea creativa, déjate acompañar por un nuevo nivel de pensamiento y acción en el que vas a ser protagonista. Sigue el U-process y los pasos que indica Zaid Hassan.

Sigue este enlace o escanea el QR:
http://andresmartin.org/wp-content/uploads/2009/07/Conectarseconla-fuenteelproceso-U.pdf

Figura 8.3. De la reacción a la regeneración

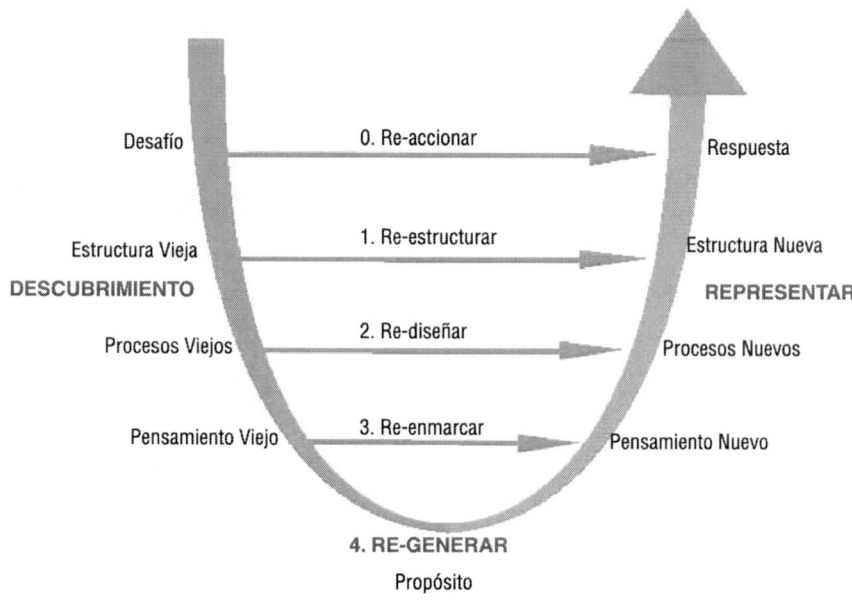

Fuente: Senge, Sharmer, Jawarski y Flowers.

Quizás ya has dejado el cuaderno de lado. Permíteme que te anime a retomarlo con otra mirada a Leonardo da Vinci. Si bien no esperamos que el resultado sea igual (¿o sí? ¿Quién sabe?), no hay duda de que el método era excepcional).

Los cuadernos de Leonardo constituyen el mayor registro de la curiosidad humana jamás creado, una maravillosa guía para entender a la persona a la que el eminente historiador de arte Kennet Clark describió como «el hombre más implacablemente curioso de la historia».

Walter Isaacson

2. Piensa en las acciones realizadas para poder tener un entorno más adecuado, sano, resiliente, considerando también toda la experiencia que se ha ganado incluso en los momentos más complejos y anota:

IMPACTOS POSITIVOS / LECCIONES APRENDIDAS
IMPACTOS NEGATIVOS / PUNTOS CRÍTICOS
EXPECTATIVAS DE BIENESTAR EN EL TRABAJO: ACCIONES EN EL NUEVO CONTEXTO

9

Para ponerte en los zapatos del otro, primero quítate los tuyos

«Un yo que sigue cambiando es un yo que continúa viviendo».

VIRGINIA WOLF

En Real Academia Española (2014):

Empatía

1. f. Sentimiento de identificación con algo o alguien.
2. f. Capacidad de identificarse con alguien y compartir sus sentimientos.

Uno de los mayores retos de la sociedad es transformar el individualismo, cada vez más presente en nuestro entorno, en una consciencia que retome valores como la solidaridad, la cooperación y la generosidad.

En el ámbito laboral nos topamos con personasególatras cuyo individualismo las lleva a construir relaciones destructivas que propician elevados niveles de insatisfacción. No es extraño que en las organizaciones se observen actitudes egocéntricas en las que el único objetivo es el éxito personal y la realización individual, lejos de buscar contribuir y aportar.

Lo vemos a diario y no es ninguna novedad observar el narcisismo ciego de personas del mundo de la política, las finanzas, el arte, la cultura y, por supuesto, la empresa.

Este tipo de comportamientos son tan antiguos como el propio ser humano. La diferencia es que en la época actual la cultura y la sociedad también lo son. Al narcisista se le reconoce por su comportamiento egoísta, por el ansia de ser admirado, con una excesiva preocupación y amor por sí mismo. Como, además, ignora al resto de personas, no tiene remordimientos por su desapego. Su actitud es recalcitrante y enemiga número uno del liderazgo.

El término *narcisista* proviene del personaje de la mitología griega Narciso, de *La metamorfosis* de Ovidio. Fue objeto de la pasión de numerosas doncellas y ninfas, pero siempre permanecía insensible porque por encima de todo estaba su orgullo, su arrogancia y su vanidad. Un día, la ninfa Eco se enamoró y le manifestó su amor, pero él la despreció. Némesis, la diosa de la venganza, instigó el castigo contra Narciso e hizo que se enamorara de su propia imagen. Narciso contempló su reflejo en el agua y quedó completamente absorto. La deseaba tanto que se arrojó y acabó ahogándose en lo más profundo del lago. Una historia moral de cómo el culto al ego y a la vanidad puede acabar en castigo y destrucción.

No fue hasta finales del siglo XIX cuando Sigmund Freud acuñó este término constatando que el ser humano lo padece desde su nacimiento. Esta obsesión por la *marca-yo* es a menudo descrita como una especie de enfermedad social; nos obsesionamos con nuestro ser en parte porque no somos conocedores de nuestro interior. Contrariamente, las personas que muestran un buen manejo y control del mundo emocional tienen la capacidad de ponerse en el lugar de la otra persona, de entender cómo se siente desde el corazón, la razón y la acción.

Muchas son las teorías sobre la *empatía* e incluso contrarias, probablemente fruto de la dificultad de consensuar una definición que aúne las capacidades humanas que respondan a ese término. Es interesante ver que existen opiniones antagónicas y todas ellas enriquecen y aportan en el estudio. Si analizamos esta palabra con una intención meramente etimológica, veremos que procede del griego antiguo *empátheia*. El prefijo *en* significa *dentro*; y el sustantivo *páthos* corresponde a *pasión, sufrimiento, afecto*. Está relacionada con el verbo griego *empádsomai* (tener solicitud, cuidarse, interesarse por) y con el participio *empathés* (apasionado por, conmovido, afectado).

Cómo ser excepcionalmente empáticos

El primero que acuñó el término *empatía* fue el filósofo alemán Robert Vischer (1847-1933). A partir de sus estudios —que se centraron en las artes figurativas—, intentó buscar una palabra que tratara de explicar el sentimiento que nace en el espectador ante una obra de arte y acabó nombrándola *Einfühlung*, traducida como «sentirse dentro de».

Resulta muy interesante ver que hay palabras que comparten la misma raíz y, sin embargo, tienen significados contrarios, como *afecto* y *afectado*. Porque cuando sentimos algo en el corazón —como la empatía— somos capaces de conmovernos o perturbarnos, de que se despierte pasión y a la vez sufrimiento. No obstante, ser emocional no significa ser empático. La empatía es la habilidad de compartir o inferir en los sentimientos, pensamientos y emociones de los demás, basados en el reconocimiento del otro. Si no reconocemos ni somos conscientes de qué le pasa al otro y si tampoco lo hacemos desde un verdadero interés, difícilmente podremos ser empáticos.

La empatía ha sido estudiada desde disciplinas tan diversas como la filosofía, la teología o la psicología, y está cada vez más presente en el mundo de la empresa, no solo como la capacidad de comprender al equipo y a la propia organización, sino al cliente. Luis Moya Albiol (2016), en su libro *La empatía en la empresa*, comenta que, mientras que a unas personas les sale casi de manera innata esta capacidad, para otras no es tan sencillo. Nacemos con una disposición que viene marcada por cuestiones genéticas y biológicas; sin embargo, nuestra educación, el entorno, las experiencias vividas y nuestra actitud influyen en el desarrollo en mayor o menor medida.

Si una organización quiere ser competitiva, innovadora y eficaz, sus líderes deben ser empáticos. Como se recoge en el prólogo del mismo libro firmado por el filósofo y doctor en psicología Ismael Quintanilla, hoy se insiste en la necesidad de tener empresas emocionalmente inteligentes que se basen en la inteligencia colectiva a partir de la conexión con los demás. Moya afirma que una empresa sin empatía tiene los días contados porque el modelo competitivo está cambiando hacia otro más cooperativo en el que se tienen en cuenta las emociones de las personas, sus circunstancias, sus intereses y capacidades, y sobre todo su implicación con el trabajo y su felicidad en el día a día.

Todos afirmamos con vehemencia ser empáticos, pero no deja de ser una incoherencia más del ser humano porque a diario juzgamos, prejuzgamos e intentamos convencer de nuestra mirada al mundo cuando discrepamos de alguien. El «yo tengo razón y tú estás equivocado» es probablemente la dolencia más crónica de la humanidad y, probablemente, una de las causas de enfrentamientos entre personas, naciones y religiones. Quedar cautivos de nuestras opiniones no deja de ser una limitación que nos aleja de escuchar a los demás, de entender otros puntos de vista y respetarlos. El mundo está cada vez más necesitado de comprensión y a veces imponer nuestras razones nos cuesta caro, desautorizamos las ideas de los demás para que nos acaben dando la razón, pero habremos perdido a alguien que se habrá sentido defraudado. ¿Merece la pena?

Delia Deliu (2019), en su investigación sobre liderazgo empático, explica las tres dimensiones de la empatía desde el intelecto hasta a la acción:

1. Con la **empatía cognitiva** hacemos el esfuerzo de comprender el problema o la situación desde el punto de vista del otro. Conseguimos entender y reconocer qué está sintiendo, pero siempre desde el intelecto o la razón, nunca desde la emoción propia.

2. La **empatía emocional** es la capacidad de sentir lo que está sintiendo la otra persona, de manera que compartimos la misma

emoción. Es habitual sentir compasión y preocupación como respuesta al dolor de los demás.

3. Sentimos **empatía compasiva** cuando alguien, además de comprender nuestra realidad emocional, es capaz de actuar y prestar apoyo activo. Es aquel que realmente se atreve a cambiar la realidad del otro para conferirle apoyo, afecto y un bienestar auténtico.

Estos tres estadios no son excluyentes entre sí y, dependiendo del momento y la persona, es muy probable que experimentemos cada uno de ellos. De lo contrario si, por ejemplo, nos centramos solo en la empatía emocional puede restarnos energía y acción, porque cuando el dolor ajeno nos afecta, puede paralizarnos; encontrar una salida a esta reacción emocional puede ser compleja. Aun así, la sensibilidad es el único sentimiento que nos permite notar de verdad. Las palabras huecas como «entiendo lo que te ocurre» no hacen sino ahuyentar a quien las escucha, alarmar ante una frase un tanto vacía, en ocasiones redundante y demasiado explorada.

La empatía puede ser la característica decisiva entre un liderazgo ordinario y uno excepcional. La diferencia entre ambos es que el primero está pendiente de los procesos, las tareas, las cuentas y los resultados; y el segundo se preocupa por las personas por encima de todo. En esta nueva forma de crear productos y servicios que adoptan hoy las empresas, de nada sirve que el líder sea empático si su equipo no lo es con los clientes.

Cada vez más buscamos una atención cuidada, personalizada, que alcance nuestras expectativas; que se vele por nuestra salud física y mental, nuestro bienestar. En una gestión *emotional friendly*, que debe formar parte de la estrategia de cualquier organización, el líder establece la fidelización y fortalece las relaciones a largo plazo.

Cuando queremos comprender de manera real, la mejor forma de encarar un problema es fraccionarlo en pequeñas partes, analizarlas, pensar soluciones sin barreras, de forma empática, junto con el equipo; entonces estaremos muy cerca de encontrar la respuesta que buscamos. Esta metodología, denominada *design thinking*, fue acuñada por primera vez en 1969 por el nobel de Economía, Herbert Simon, en su libro *La ciencia de lo artificial*. No obstante, quedó en el olvido y no fue hasta 2008 cuando el profesor de la Universidad de Stanford y empresario Tim Brown rescató esta herramienta y diseñó cinco etapas que seguir.

Figura 9.1. *Design thinking*

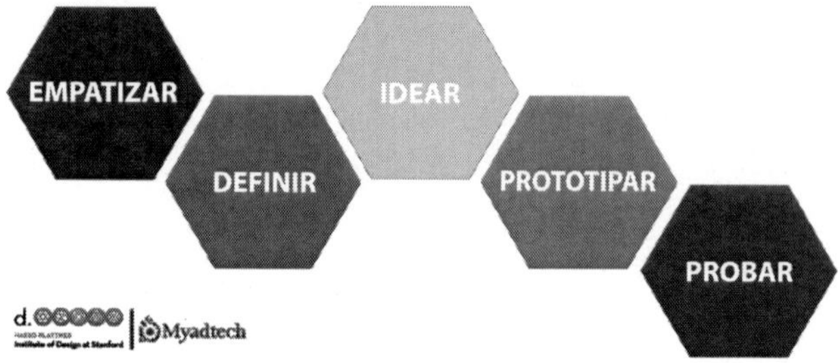

Fuente: Hasso Plattner, Institute of design at Stanford.

Empatizar es precisamente el primer paso en el que buscamos ponernos en el lugar de los otros para entender lo que es verdaderamente relevante. Si gestionamos los sentimientos propios y ajenos, podremos manejar nuestras emociones y las relaciones con los demás. Cuanto más capaces seamos de ponernos en su lugar, más facilidades tendremos para identificar aquello que puede aportar valor al equipo de manera genuina. En ese primer estadio se requiere preparación, reflexión y planificación. Si no llegamos a obtener suficiente información, nos costará encontrar soluciones conectadas con las necesidades y deseos. Además de la inevitable criba de información, hay que desarrollar las ideas para que se conviertan en tangibles.

Una de las claves más importantes e interesantes de esta metodología es que sigue creciendo a día de hoy. Tim Brown define también cómo son los perfiles *design thinkers:*

> Pueden imaginar el mundo desde múltiples perspectivas: las de los colegas, los usuarios finales y los clientes (actuales y potenciales). Al adoptar un enfoque de «primero las personas», los pensadores de diseño pueden imaginar soluciones que son intrínsecamente

deseables y que satisfacen necesidades explícitas o latentes. Los grandes pensadores del diseño observan el mundo en un minuto de cola. Se dan cuenta de las cosas que otros no hacen y usan sus ideas para inspirar la innovación.

Brown, (2008)

No se nace, se aprende

Mucho me temo que a veces ignoramos más de lo que pensamos, y la mayor ignorancia es no saber que no sabemos. Hay ciertas habilidades sociales que podemos aprender para liderar a nuestro equipo de forma más efectiva y que además nos pueden ayudar a crecer en muchos aspectos de nuestras vidas.

Existe un modelo articulado en 1969 por Martin M. Broadwell, uno de los exponentes de la psicología humanista del siglo xx, que explica las etapas que recorremos cualquiera de nosotros a la hora de aprender una nueva habilidad. Desde el desconocimiento absoluto hasta la maestría y soltura. La teoría de *las cuatro etapas del aprendizaje* ha sido tema de estudio por diversos autores, aunque no todos ellos entienden lo mismo por *aprender*. La escala del conocimiento divide el aprendizaje en cuatro fases que combinan consciencia (cuando nos damos cuenta) y competencia (cuando sabemos hacerlo):

> Cerremos esta serie con una mirada a los cuatro niveles de enseñanza: en el fondo está el *incompetente inconsciente*. Esta pobre criatura que es un maestro muy pobre, pero que no lo sabe. Continúa de la misma manera, tal vez dando conferencias de manera aburrida y monótona, sin darse cuenta de que está perdiendo su tiempo y el de los estudiantes. No podemos hacer nada para mejorar a este hombre porque no puede ser cambiado hasta que llegue al siguiente nivel, que es el *incompetente consciente*. Ahora tenemos un tipo que es malo, pero afortunadamente, sabe que es malo. Está buscando ayuda, y las posibilidades de que encuentre una manera de mejorar sus métodos son muy buenas. Está dispuesto a probar algo nuevo; está dispuesto a admitir que tal vez no se está comunicando con sus estudiantes. Podemos trabajar con él porque quiere ser mejor. Si le mostramos las herramientas del oficio, empezará a

obtener resultados, y sabrá por qué. Esto significa que ahora ha sido elevado al tercer nivel, el *competente consciente*. Esta persona es un buen maestro y sabe por qué. Sabe lo que funcionará y lo que no funcionará para él. Ha experimentado, cambiado, medido, revisado y buscado constantemente más y mejores ideas. Este hombre conoce sus capacidades y sus limitaciones. Sabe de enseñanza. Probablemente sería un buen formador de maestros.

Broadwell (1969)

Finalmente, en la última etapa del aprendizaje, somos plenamente competentes, hemos asumido e integrado una nueva habilidad y la podemos ejecutar de forma natural, sin apenas prestar atención.

En uno de los múltiples artículos que publicó Broadwell, anotó: «Enseñar es una habilidad, pero es también un privilegio que merece respeto y honor», y no puedo estar más de acuerdo. Me emociona pensar que adquirir conocimiento a diario a través de mi trabajo es la forma de poder seguir transmitiéndolo. Aprender para enseñar es una necesidad, una responsabilidad y un regalo. El autor afirma que solo unas pocas personas están dotadas de esta habilidad, mientras que otros deben aprenderla. Los profesores y profesoras no somos los únicos que debemos sentirnos reflejados en esas afirmaciones. Cualquier persona en cualquier puesto de trabajo y en cualquier aspecto de su vida debe aspirar a mejorar y soñar con aprender.

La motivación constituye un requisito fundamental para instruirse y desarrollar cualquier competencia, y es que, si no se quiere, de difícil manera se aprenderá; el deseo es el que impulsa, inspira e induce a realizar la acción. Y, sin duda, tener presente que no somos conocedores de todo será el resorte que nos lleve a la humildad desde el conocimiento.

Estas etapas son esenciales para ganar consciencia, ubicarnos y aplicarlas en un futuro. Para ponernos en los zapatos de la otra persona, primero quitémonos los nuestros; debemos entender qué necesitamos; aprender y reforzar la empatía para librarnos de esas emociones nubladas que nos privan de escuchar y entender desde otra óptica. Conscientes de que cada uno de nosotros siente de manera diferente, solo reforzando la escucha activa, interpretando señales, mostrando interés desde la tolerancia y el respeto conseguiremos la sensibilidad que nos permitirá mirar más allá.

Figura 9.2. Las cuatro etapas del aprendizaje y el conocimiento

Incompetencia inconsciente
Soy inconsciente de que no sé.
No sé que no sé.

4

1

Competencia inconsciente
Habilidad integrada, que forma parte de mí.
Sé.

Incompetencia consciente
Soy consciente de que no sé.
Sé que no sé.

3

2

Competencia consciente
Me esfuerzo por mejorar y tengo determinación para avanzar.
Aprendo.

Fuente: Elaboración propia a partir de Broadwell (1969).

La cara b de la moneda: cuando el don se convierte en condena

Una alumna en una ocasión muy preocupada me dijo que su punto débil es la sensibilidad. Desde luego hay muchas cosas en esa afirmación; y sin embargo todo menos un punto débil. La sensibilidad es una maravillosa sutilidad perceptiva, la facultad de sentir, un gran potencial que calibrar y un don que cuidar.

La sensibilidad entronca con una serie de atributos y cualidades como la delicadeza o la paciencia, contrarias a la torpeza, la impertinencia y la desvergüenza. Es la capacidad que tenemos los seres humanos no solo para percibir el estado de ánimo, el modo de ser de las personas, sino para actuar correctamente en beneficio de los demás, dependiendo de la naturaleza de las circunstancias y los ambientes. Si bien tener este atributo nos hace ser más previsores, participativos y nos permite ver la realidad desde todos los ángulos, desarrollada en exceso puede convertirse en un defecto. Cuando somos capaces de asumir las palabras de los otros llegando a sentir dolor y sufrimiento, los límites se diluyen a la hora de ayudar y nos supone una barrera.

Como cualquier característica de la personalidad, llevada al límite, puede ser perjudicial; por eso, la regulación emocional es esencial, ya que permite mantener una clara distinción entre nuestros propios sentimientos y los que pertenecen a otras personas.

Hace muchos años, visité el Museo Kelvingrove, en Glasgow, sin saber lo que me encontraría. Cuando estuve delante del Cristo de San Juan de la Cruz de Salvador Dalí tuve que sentarme y seguir observando sorprendida, maravillada. Ahora entiendo por qué estaba allí la silla ubicada. Quizás muchas más personas sintieran no poder respirar ante tanta belleza. Inevitablemente pensé en ese síndrome de Stendhal que tanto me intriga y me fascina; ese síndrome que padecen las personas altamente sensibles cuando experimentan sensaciones ante algo que estimula y emociona.

El mundo impacta en nosotros más de lo que creemos, y ante este impacto nos sentimos sobrecargados y alterados. Es lo que les ocurre a las personas altamente sensibles (PAS). Esta acuñación se la debemos a la psicoterapeuta y profesora universitaria Elaine Aron, pionera en la investigación de la alta sensibilidad. Dada su condición de persona altamente sensible, descubrió que este tipo de personas nacen con un sistema nervioso que les permite percibir y procesar los estímulos, tanto externos como internos, de forma más intensa que las demás (Sohst, 2017).

Durante su juventud, ella notaba que su manera de interactuar y percibir el mundo era diferente; esto la llevó a sentirse rechazada, incomprendida por los demás y por ella misma ante este rasgo no diagnosticado.

> Nuestra sensibilidad nos lleva a ser cautos y orientados hacia adentro, además de hacernos necesitar algún tiempo más de soledad. Y dado que las personas que no son así, que son la mayoría, que no comprenden esto, se nos ve como tímidos, retraídos, débiles o, el mayor de los pecados, insociables. Temiendo que nos pongan estas etiquetas, intentamos ser como los demás, pero eso nos lleva a una posterior sobreactivación y angustia. Y, entonces, eso hace que nos etiqueten como neuróticos o locos, atribución que nos acabamos autoadjudicando.
>
> Aron, 1997

La diferencia entre una persona sensible y una PAS es que las segundas viven la empatía no solo desde un punto de vista conceptual, sino también desde un punto de vista físico; son capaces de sentir y vivir lo que la otra persona experimenta. Sin embargo, el fenómeno de la alta sensibilidad no está relacionado solo con una mayor cantidad de estímulos que procesar, sino también con la profundidad del procesamiento.

Generalmente, son personas que se abruman fácilmente ante los estímulos visuales, auditivos, táctiles; a menudo necesitan retirarse a reposar en situaciones de sobreestimulación; son ajenas a los cambios; hacen las tareas de forma cautelosa y paulatina y se agobian con cambios repentinos; prefieren estar en grupos reducidos y no sentirse observadas.

Es importante que las personas altamente sensibles aprendan a gestionar su rasgo para poder manejar equipos y llevar una vida plena sin estar pendientes de este sufrimiento añadido; deben valorarse por lo que son y abrazar su sensibilidad como un don y no como una condena.

> Su desbordante y entusiasta imaginación se veía matizada por la gran sensibilidad de su espíritu. Su corazón rezumaba afecto, y su amistad era de esa naturaleza fiel y maravillosa que la gente de mundo se empeña en hacernos creer que solo existe en el reino de lo imaginario.
>
> Mary Shelley

Sin sensibilidad no hay empatía y no se puede entender al equipo ni a las personas. Cuando hay un exceso de sensibilidad, el sufrimiento puede ser tremendo; aun así, ese don bien guiado nos hace percibir cosas que las demás personas no sienten. Nos conecta a un nivel tan profundo que nos hace sentir más llenos.

Tiempo de reflexión

1. En el modelo de las cuatro fases para ser competente, en este caso con la empatía, ¿dónde te sitúas? Piensa en razones y ejemplos que ilustren tu respuesta. ¿Qué podrías hacer para mejorar?

2. Este test permite analizar la sensibilidad de cada persona y determinar su personalidad. Haciendo uso de diferentes estudios y análisis de datos, la Asociación Española de Profesionales de la Alta Sensibilidad ha construido una herramienta validada que establece seis subtipos de personalidad según la sensibilidad. ¿Quieres saber si eres PAS y a qué subtipo perteneces?

Sigue este enlace o escanea el QR:
https://pasespana.com/test-personas-altamente-sensibles/

---

3. Este vídeo es sumamente interesante. La actriz Blanca Portillo se reúne con un grupo de adolescentes para hablar de empatía.

Sigue este enlace o escanea el QR:
https://youtu.be/WN89tqR2o1k

---

4. Y si de arte hablábamos en el capítulo, dejo para este «tiempo de reflexión» algo muy especial. Apenas un minuto. Una alumna compartió con toda la clase este vídeo. Hay momentos en los

que se producen cosas mágicas, y ese minuto en que lo vimos juntos lo fue. Una especie de «empatía ambiental» llenó la sala. Convirtió el momento en algo sumamente especial, lo mudó y lo dejó para el recuerdo.

Marina Abramovic se encuentra con su amor 23 años después.

Este es el contexto.

Marina Abramovic, artista consagrada. El Museo de Arte Moderno de Nueva York (MoMA) le dedicó una retrospectiva a su obra denominada *The artist is present* (la artista está presente). Dentro de ella, Marina compartía un minuto en silencio con cada extraño que se sentaba frente a ella. Ulay llegó sin que ella lo supiera y esto fue lo que pasó.

Sigue este enlace o escanea el QR:
https://youtu.be/bmstiR2Ev_8

Tiempo de acción

A continuación, encontrarás el mapa de empatía de cliente. Lo ideal es realizarlo de manera colaborativa, pero si no puede ser así, será interesante como reflexión.

Este mapa está basado en el cliente. El objetivo es que te pongas en su piel para poder identificar y comprender en profundidad sus necesidades, aspiraciones, frustraciones, y así definir las oportunidades. Esta herramienta fue propuesta por la empresa dedicada al pensamiento visual X-Plane, aunque ganó popularidad y un mayor grado de visibilidad cuando Alex Osterwalder e Yves Pigneur la integraron en su libro *Business model generation*.

Figura 9.3. Mapa de empatía del cliente

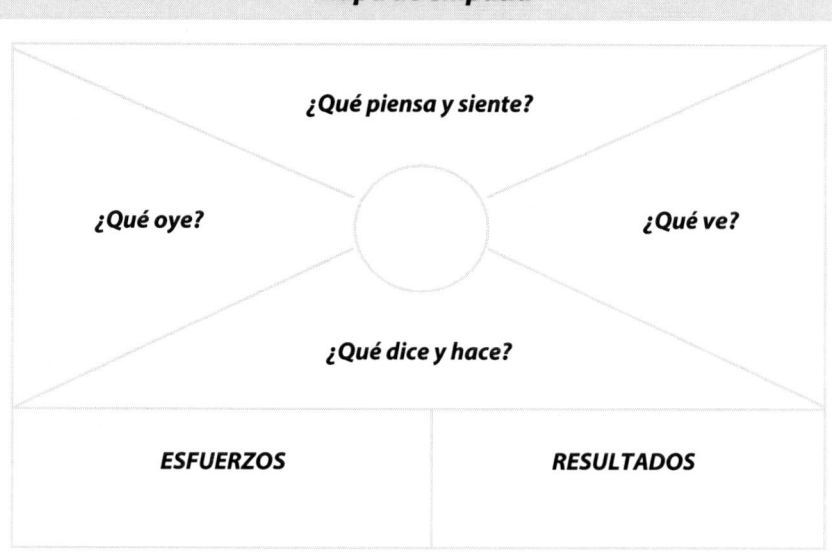

Fuente: www.designthinking.services

Etapas

Responde a las preguntas siguientes e inclúyelas en cada uno de los bloques de la plantilla:

1. ¿Qué piensa y siente el cliente?

   - ¿Qué es lo que le mueve?

   - ¿Cuáles son sus preocupaciones?

   - ¿Qué es lo que le importa realmente (y que no dice)?

   - ¿Cuáles son sus expectativas?

2. ¿Qué ve?

   - ¿Cuál es su entorno?

   - ¿A qué tipo de ofertas está expuesto?

   - ¿Quiénes son las personas clave de su entorno?

- ¿A qué tipo de problemas se enfrenta?

3. ¿Qué dice y hace?

   - ¿Cómo se comporta habitualmente en público?
   - ¿Qué dice que le importa?
   - ¿Con quién habla?
   - ¿Influencia a alguien?
   - ¿Existen diferencias entre lo que dice y lo que piensa?

4. ¿Qué oye?

   - ¿Qué es lo que escucha en su entorno profesional?
   - ¿Qué le dicen sus amigos y familia?
   - ¿Quiénes son sus principales influencias?
   - ¿Cómo lo hacen? ¿A través de qué medios?

Para lograr un mayor grado de interiorización, añade las siguientes preguntas a las anteriores.

5. ¿Qué le frustra?

   - ¿Qué miedos o riesgos le preocupan?
   - ¿Qué obstáculos encuentra en el camino de sus objetivos?

6. ¿Qué le motiva?

   - ¿Qué es lo que de verdad le gustaría conseguir?
   - Para él/ella, ¿qué es el éxito?
   - ¿Cómo intenta alcanzarlo?

10

Recuerda: el equipo es la clave

«Yo hago lo que tú no puedes y tú haces lo que yo no puedo.
Juntos podemos hacer grandes cosas».

MADRE TERESA DE CALCUTA

En Real Academia Española (2014):
Equipo
1. m. Grupo de personas organizado para una investigación o servicio determinados.
2. m. En ciertos deportes, cada uno de los grupos que se disputan el triunfo.

C uenta la leyenda que, hace muchos años, en la selva amazónica no existían lagunas, arroyos ni ríos, y la falta de lluvia provocaba una escasez de agua en las comunidades indígenas. Solo un anciano del lugar conocía el rincón secreto donde se escondía una gran cascada y era él quien administraba el agua a todo el poblado. Un día, un muchacho quiso conocer el escondrijo y se convirtió en colibrí para que el anciano no se diera cuenta de que le estaba siguiendo.

Después de varias horas andando, llegaron hasta un gigantesco árbol del cual brotaba una inmensa catarata. Al volver al pueblo, el muchacho le habló emocionado a su hermano sobre el sitio y reunieron a las ardillas, los ratones, los tucanes y los pájaros carpinteros para, entre todos y sin que el anciano se diera cuenta, talar el árbol y llevárselo de regreso a la aldea. Cuando faltaba poco para derribarlo, anocheció y decidieron continuar al día siguiente. Pero a la mañana siguiente encontraron el árbol sano y entero; y así durante sucesivos días: el tronco, casi talado al anochecer, aparecía intacto al día siguiente.

Los hermanos volvieron a seguir al anciano y así supieron que era él quién curaba al árbol durante la noche. El menor de ellos decidió convertirse en un alacrán y picar al anciano en el pie para dejarlo inmóvil; así pudieron terminar el trabajo.

El inmenso árbol cayó al suelo y toda la selva retumbó. El agua empezó a brotar en grandes cantidades y el tronco se convirtió en un gran río, el Amazonas. Sus numerosas ramas se transformaron en afluentes, quebradas y riachuelos. Las hojas y las espinas, en peces. Y así se dice que nació el río más caudaloso del planeta.

Del mundo acuático y fluvial se pueden extraer varias moralejas. Es posible conseguir el mismo objetivo por caminos distintos porque para cada problema planteado se pueden encontrar diversas premisas que nos llevan a una solución.

Usemos la metáfora para comprobar que todas las historias de análisis de liderazgo conducen —o deberían conducir— al equipo. Hay estilos más directos, más indirectos, sutiles menos sutiles; todos son válidos en función de las diferentes circunstancias y situaciones si se tiene a las personas como prioridad. Marcar el camino, delegar, inspirar, motivar, sostener e incluso multiplicar el talento es un gran desafío. Sobre todo, para quienes trabajan con fuerza por mantener negocios y organizaciones a flote. Porque, a la larga, no hay negocio sin equipo, ni equipo sin negocio.

A lo largo de todos los capítulos anteriores, de una forma u otra, las personas se han erigido en protagonistas de cualquier acción de liderazgo. En la actualidad, la diversidad de las organizaciones y un entorno sumamente cambiante suponen la tormenta perfecta para todo tipo de estilos de liderazgo, de líderes, de jefes que intentan serlo, como un sálvese quien pueda ante situaciones verdaderamente complejas, no solo por lo inesperado sino también por lo cambiantes, por lo imprevisibles. El liderazgo es un proceso complejo y adaptativo que necesita responder a nuevas necesidades del trabajo, de las organizaciones y de las personas que las forman.

Un liderazgo eficaz necesita adaptarse, repensarse y reexaminarse constantemente y sin atajos, con la agilidad de quien sabe que el contexto marca la sensibilidad de quien es consciente de la crucial relevancia de la salud de los equipos y el poder de la diversidad.

Efectivos y eficientes

Los líderes de las empresas mejor dirigidas saben que el empoderamiento de las personas genera resultados positivos que no son posibles cuando toda la autoridad asciende en la jerarquía y los gerentes ocupan toda la responsabilidad del éxito.

Ken Blanchard, con más de 25 años de experiencia como experto en gestión y en liderazgo, afirma que el *empowerment*, del que tanto se habla, se da cuando dejamos que la gente lleve su cerebro al trabajo y le permitimos usar su conocimiento, experiencia y motivación para crear una saludable triple línea de fondo.

Resulta evidente que a veces los mejores miembros de los equipos no componen el mejor equipo. Y el mundo del deporte es un claro ejemplo. Seleccionar a los mejores del mundo no da como resultado el mejor equipo. La complejidad es tanta como la de las propias personas que lo forman. Tal y como comenta Jesús Carlos Reza Trosino, autor de *Equipos de trabajo efectivos y altamente productivos,* independientemente de cómo se denomine o del enfoque, es innegable el beneficio que el trabajo en equipo ha aportado y aporta a la humanidad; equipos que se desarrollan desde el mundo del deporte, la música, la construcción, la tecnología, la medicina… Y es que los equipos son más que la suma de las personas que lo forman, son una mezcla más amplia de destrezas, experiencias y conocimiento; son más flexibles y, unidos sus esfuerzos, promueven el trabajo para el bien común.

Actualmente hay infinidad de tendencias en el campo del trabajo en equipo: grupos autodirigidos, equipos de alto rendimiento, grupos focales, técnicas de grupo de tormenta de ideas o trabajo enjambre, mencionado en el contexto *agile* (surgido en el ámbito del *software*, acompañada de un manifiesto) para indicar el trabajo en donde todos los miembros del equipo trabajan, colaborando, sobre un mismo problema en lugar de cada miembro en una parte del proyecto. La mayoría de ellos tienen el mismo objetivo: agruparse para lograr una meta común y construir un poderoso modo de pensar de forma colectiva que da rienda suelta a la creatividad y estimula innovaciones apasionantes y de gran valor.

La coordinación es clave para la eficacia de los equipos y garantiza su funcionamiento. Los equipos se han de formar con un objetivo común, un propósito claro y bien definido, y el proceso que vivirá el equipo tiene diferentes etapas. Blanchard define *equipo* como dos o más personas que se unen para un propósito común y que son mutuamente responsables del resultado. A diferencia de un grupo, con responsabilidad y objetivo individuales, es esencial recalcar que un equipo tiene responsabilidad común y comparte el propósito.

Es importante conocer y ser consciente de todos los pasos para poder entender y encauzar las cuestiones que se desvíen del camino. En 1965, el psicólogo Bruce Tuckman publicó un modelo formado por cuatro etapas por las que tiene que pasar cualquier equipo si quiere alcanzar su máxima efectividad. Su teoría se plasmó en su ensayo *Desarrollo secuencial en grupos pequeños*, elaborado a partir de sus trabajos de investigación y observación del comportamiento grupal en diferentes entornos. Llegó a la conclusión de que cada uno de estos estadios nos ayudará a comprender por qué se producen ciertos comportamientos y nos permitirá actuar en consecuencia.

Las etapas de desarrollo de los equipos son:

1. **Etapa de formación.** Se caracteriza por el desconocimiento entre unos integrantes y otros. Se hace una primera toma de contacto con el proyecto o la propuesta. Hay un sentimiento de alegría y las formas se mantienen en todo momento. Es una situación cómoda porque no hay conflicto y tampoco se produce un debate interno profundo. El papel del líder es ejercer un liderazgo paternalista y servir de guía marcando las directrices.

2. **Etapa de tormenta.** Superada la fase inicial, comienzan a surgir los primeros desajustes, desacuerdos, diferencias e incluso conflictos. Es esencial, cuando esto ocurra, que la persona líder sea consciente, y su papel sea de *coach*, y que también el equipo sepa el momento en el que está. Ser conscientes hará que se proponga reconocer esos conflictos, gestionarlos y resolverlos. Es importante tener en cuenta que se trata de una etapa necesaria precisamente para que se produzcan esos reajustes.

3. **Etapa de normalización.** Con el tiempo, el rendimiento aumenta y se reducen los conflictos. Se siguen unas normas y las metas son claras, lo que fortalece el sentimiento de pertenencia del equipo. Las aspiraciones comienzan a ser más elevadas, a un nivel más grupal que individual. La persona líder actuará como mera facilitadora y tendrá en cuenta a todos los profesionales en la toma de decisiones.

4. **Etapa de actuación.** El líder delega tareas y proyectos, y el equipo está centrado en la ejecución. Las personas que forman el equipo se sienten motivadas porque son capaces de adaptarse a las necesidades cambiantes y han interiorizado y normalizado que pueden darse diferencias.

Tuckman siguió investigando en la materia y, en 1977, Mary Ann Jensen y él llegaron a la conclusión de que una quinta etapa era necesaria para acabar de dar forma al círculo de la efectividad en los equipos.

5. **Etapa de clausura.** El proyecto está acabado y el grupo de trabajo se disuelve.

A lo largo de mi vida no solo he formado parte de numerosísimos equipos; he acompañado y ayudado en que los equipos sean más eficientes y he sido testigo del proceso y la evolución de muchos otros. Los equipos tienen sus ciclos de vida y las teorías a este respecto son numerosas, con componentes en común: creación del equipo, etapa de conflicto del equipo, optimización y autorregulación, donde el equipo progresa y avanza, llega a la madurez del equipo, momento de mayor productividad del equipo. Lo importante de conocer estas etapas en el ciclo de vida es también ser consciente de que la persona que lidere los equipos puede ser más o menos necesitada en ocasiones distintas. Es decir, el proceso puede no ser tan «ordenado» como el descrito. Y es que los equipos están «vivos» y sus ciclos también.

Los equipos no siempre evolucionan de forma positiva. Pueden sufrir crisis y comportamientos no esperados que debilitan sus capacidades para alcanzar los objetivos propuestos, tal y como apuntan Pablo Cardona y Paddy Miller en su libro *El liderazgo de equipos de trabajo*, que distinguen entre ciclos constructivos y destructivos.

Para que se den los primeros, las personas tienen que compartir la misión y los objetivos, que serán la base de la identidad del equipo e influirán en el desarrollo de la confianza y la colaboración.

Durante los ciclos destructivos, resulta crucial que el líder aprenda a detectar con prontitud el momento en que las dinámicas se empiezan a torcer. Esos ciclos destructivos pueden llevar a una disminución del rendimiento, desmotivación, impacto en otros equipos, pérdida de oportunidades e incluso al deterioro del liderazgo. Porque no afrontar los problemas, no abordarlos, puede conducir directamente al desencanto, afectar a la credibilidad del líder y a su gestión.

En todo momento, tanto si las cosas funcionan como si no, el líder debe acompañar al grupo; su responsabilidad personal es crucial. En un equipo no se interviene; se está. Los logros del trabajo en equipo son los resultados del esfuerzo, la organización, la disciplina y la sensibilidad de cuidar a las personas y entender más allá de las palabras.

La responsabilidad de conocer al equipo

Probablemente todos hemos vivido situaciones en las que se hayan dado muchas circunstancias adversas y el equipo no ha llegado al puerto que debía. El Dr. Richard Hackman, profesor en la Universidad de Harvard, afirma que encontrar el momento correcto para intervenir es crucial y que, pese a que ningún líder es infalible a la hora de lograr que un equipo funcione, sí puede crear las condiciones adecuadas para aumentar las posibilidades.

Saber que ningún líder es infalible puede ser una fuente de tranquilidad, que no de excusa, para comprender que, si uno se esfuerza, trabaja y cree en lo que está haciendo, estará libre de culpa porque el éxito no solo depende de la gestión, sino de otras variables no controlables. No obstante, si la persona no crea estas condiciones que refuercen el sentimiento de equipo, sí será el responsable de los fracasos.

Así como en el capítulo anterior hablábamos de la importancia de conocer a los clientes usando el mapa de empatía (véase Figura 10.1), tomando como referencia el mapa de empatía, vayamos un paso más allá en conocer a nuestro equipo.

Sin perder de referencia el propósito de la empresa, proponemos reflexionar alrededor de las 4P respecto al equipo:

- **Pensamiento:** ¿Qué piensa? ¿Cómo se siente la persona?

- **Panorama:** ¿Qué ve en el momento actual? ¿Qué perspectiva tiene con respecto a lo que está ocurriendo?

- **Palabras:** ¿Qué dice? ¿Qué comparte? ¿Cómo se expresa? ¿Cuál es su relato? (Positivo, negativo, ilusionado, motivado).

- **Percepciones:** ¿Qué escucha de otros compañeros? ¿Qué le llega de la familia, amigos?

Mediante la observación, la atención y la conexión con el equipo, podemos incrementar el nivel de consciencia acerca de qué desean y necesitan las personas, lo cual también permite identificar los obstáculos que se interponen en la resolución del problema.

Figura 10.1. Mapa de empatía del equipo

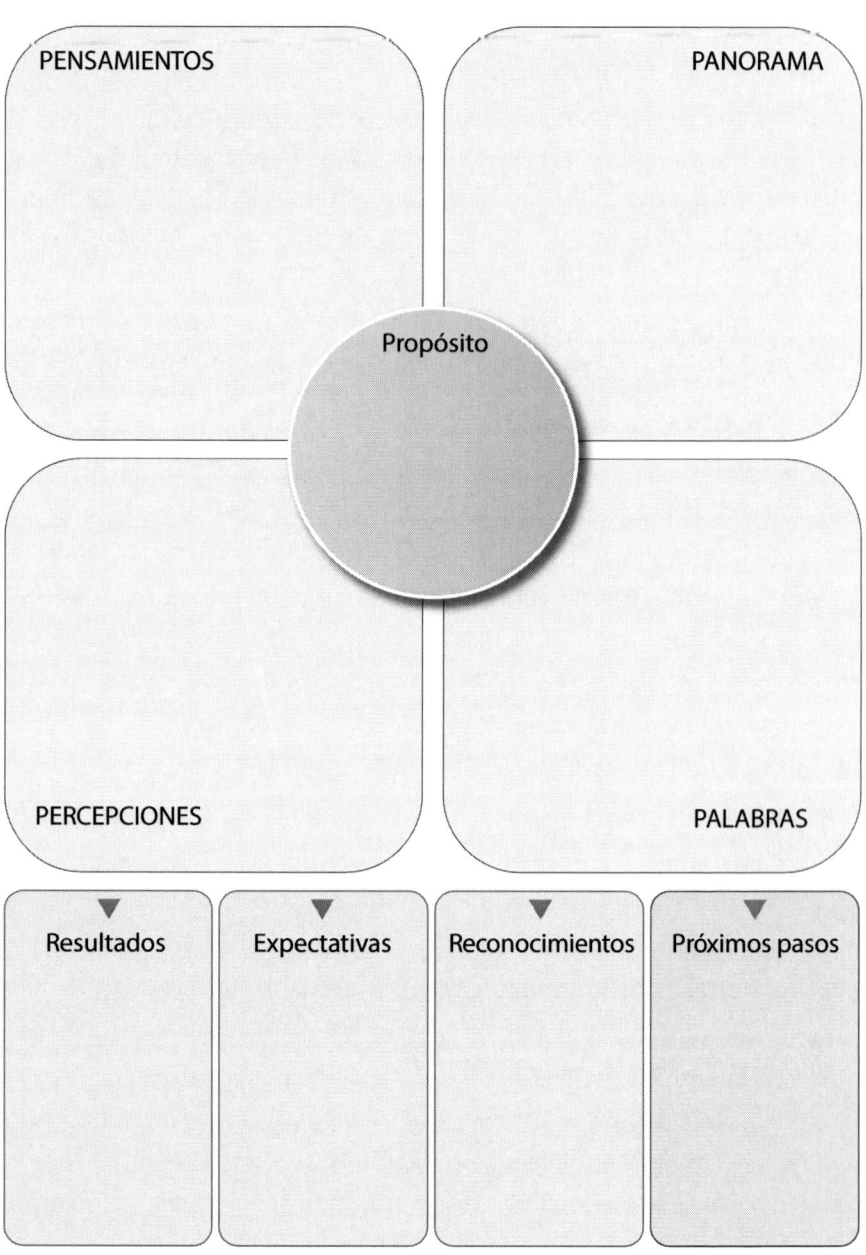

Fuente: Elaboración propia.

A través de esta *extrospección,* es posible que nos demos cuenta de que existen personas que intervienen negativamente en las dinámicas del equipo y la toxicidad puede llegar a contagiarse. Convivir laboralmente con este tipo de personas puede provocar diversos conflictos. Cuanto más se ignoren estas actitudes, más crecerán. Si el compañero o la compañera no aportan cosas valiosas a la empresa, debemos tratar de solucionarlo, atajando el problema desde la raíz con rapidez mediante la comunicación. En estos casos, es importante que el líder no solo ponga el foco en el resto del equipo, sino que lo apoye.

Se necesita un conocimiento profundo de qué necesitan los equipos y cuándo, y pasa por entender cómo está el equipo; por comprender el momento en el que se encuentra y en el que puede necesitar ayuda. Para entender qué precisan, son necesarias las capacidades cognitivas —aquellas relacionadas con el procesamiento de la información como la percepción, la comprensión, la resolución de problemas, la anticipación— y la inteligencia emocional de las personas que lideran. La intervención de la persona líder facilitando, apaciguando, motivando de muy diversas maneras será clave para que las aguas vuelvan a su cauce.

Hay distintas formas de conocer el estado del equipo, pero la más coherente es analizar la situación mediante un diagnóstico previo a través de reuniones individuales, jornadas o cuestionarios en los que se identifica en qué punto está la persona. Se debe desarrollar un plan de acción en el que se empleen algunas herramientas como las entrevistas, el *feedback* o las sesiones de capacitación.

El paso más importante comienza por reconocer y valorar la importancia del trabajo en equipo, el beneficio organizacional en todos los sentidos; ser conscientes de la relevancia de *reexaminarse,* actualizarse y ser capaces de guiar. Y a partir de ahí, seguir aprendiendo. En la capacidad de aprender desempeña un papel más que destacable la consciencia que se tiene de uno mismo y la capacidad de autocrítica. De esa consciencia y de esa capacidad de autocrítica emergerá la necesidad de cambio y de seguir aprendiendo. «Enseñar es aprender dos veces», decía Joseph Joubert. De nada servirá mostrarle conocimiento a aquel que cree que no necesita aprender porque lo sabe todo».

Precisamente, lo que diferencia a un jefe de un líder es el respeto por su equipo y la confianza generada. No hay liderazgo sin confianza; en todos los equipos, se crea y se destruye porque está en el ADN de las relaciones humanas. «Tanto la observación cotidiana como la investigación parecen revelar que la primera base del trabajo en equipo es la confianza. La confianza es el ingrediente básico de cualquier relación humana. Sin confianza, es difícil imaginar la cooperación» (Rodríguez, 1997).

Estas palabras están absolutamente vigentes hoy en día. Lo que sorprende es que muchas organizaciones sigan pensando que el control es sinónimo de eficacia y que capacitar a las personas, ayudarlas a que desarrollen su potencial y su talento, una quimera y un coste. Aún queda un maravilloso camino de oportunidades para seguir avanzando y progresando en la gestión de equipos y en la propia gestión de nuestras acciones.

Todavía queda mucho camino por recorrer y se abren nuevas oportunidades para seguir avanzando. Sir John Whitmore en su libro *Coaching* decía: «Mientras esperamos en vano el advenimiento de un salvavidas, quizás sería más sensato que asumiéramos más responsabilidad sobre nosotros mismos, sobre los demás y sobre el futuro».

Cómo los mejores pueden ser aún mejores

Cada vez que un atleta rompe el récord de los 100 metros lisos, una nadadora quiebra la marca de los 200 mariposa o un ciclista aguanta más horas encima de una bici sin tocar suelo, se abre siempre el mismo debate: ¿genética portentosa o entrenamiento, coraje y determinación?

Esta dicotomía entre talento o gen deportivo abre otro interrogante: ¿un o una deportista de élite nace o se hace? La misma pregunta la podríamos aplicar en el mundo del arte, la moda, el cine, la tecnología y los negocios. Sí, las organizaciones que creen en el talento consiguen que los mejores se vuelvan todavía mejores.

Me recuerdo a mí misma en el aeropuerto, en un viaje de regreso de la Universidad de Harvard. Con la emoción de haber cumplido un sueño, la sensación aún presente de haberme sentido rodeada de conocimiento y la curiosidad despierta como con la luz que entra por la ventana en una mañana de agosto, busqué en las librerías del aeropuerto algo de lo que seguir inspirándome, como cuando se busca una señal.

Y allí lo encontré. Encontré esa señal. Debo admitir que siento enorme admiración por las personas deportistas, que cada día luchan por mejorar y siempre me pregunto qué les hace continuar superando dolor, angustia y miedos; cuál es su porqué; qué les hace seguir. Con enorme avidez leí en un librito azul a Graham Jones y su artículo en una compilación de *Harvard Business Review*: «How the best of the best get better and better». Explica que la verdadera clave de la excelencia (tanto en los deportes como en los negocios) es concentrarse en la propia excelencia y borrar el resto: es la dureza mental, es retarse a sí mismo:

> El ascenso a la cima de una persona es el resultado de una planificación muy cuidadosa, de establecer y alcanzar cientos de pequeñas metas. (…) Los deportistas de élite usan la competencia para perfeccionar sus habilidades y se reinventan continuamente para mantenerse a la vanguardia. Manejar la presión es mucho más fácil si puedes concentrarte solo en tu propia excelencia. Los deportistas de alto rendimiento no se dejan distraer por las victorias o los fracasos de los demás. Se concentran en lo que pueden controlar y olvidan el resto.
>
> Jones, 2008

Ocurre que cuando queremos lograr un objetivo, sea profesional o personal, lo queremos alcanzar cuanto antes y de la mejor manera. A veces, nos fijamos en las demás personas y nos frustramos a mitad de camino por las comparaciones y envidias. Lo cierto es que cuando dejamos de pensar en los demás es cuando comenzamos a focalizarnos en nosotros mismos, y es en ese punto en el que debemos esforzarnos para mejorar y superarnos. No debemos luchar por ser mejores que nadie, sino por ser la mejor versión de nosotros mismos porque, como decía Miguel de Unamuno, «el que tiene fe en sí mismo no necesita que los demás crean en él».

Para lograr esta seguridad, el líder debe detonar nuestro potencial y como buen profesional debe buscar siempre empoderarnos y no microgestionarnos. Cuando nos sentimos empoderados, es cuando creemos en nosotros y en los valores de la empresa. John Maxwell decía que «un líder es aquel que conoce el camino, sigue el camino y muestra el camino», y así se consigue incluso que un equipo funcione aún mejor que cuando el líder no está.

Un día una chef con la que tuve una relación profesional, que luego derivó en amistad, me confesaba que quería formar el equipo tan bien que el día que no estuviera las cosas fueran mejor aún.

Esto ocurre cuando las personas del equipo admiran al líder y sienten lo que les cuenta; se esfuerzan mucho más para demostrar que están a la altura de las expectativas. Esta profesional tiene el perfeccionamiento en sus venas y cuando habla de servicio, cliente o comida consigue calar la excelencia en la piel.

Pero la excelencia no se consigue si uno cree que todo lo que hace está bien. En la capacidad de aprender desempeña un papel más que destacable la consciencia que se tiene de uno mismo y la autocrítica que nos hagamos. Existen grandes gigantes tecnológicos y empresariales como Amazon, Netflix o Tesla que dominan el mundo. Podemos estar menos o más de acuerdo con la filosofía de estas empresas, pero si han llegado lejos es porque han pensado de manera diferente y se han atrevido y arriesgado. La obsesión por querer mejorar sus productos a través del pensamiento crítico los ha llevado a un proceso de profundo cuidado de los servicios o productos que ofrecen.

Walter Isaacson, a quien he mencionado anteriormente por ser autor de varias biografías y también de la célebre biografía de Steve Jobs, menciona aspectos sobre su —a veces controvertido— estilo de liderazgo y afirma que los directivos que estudian a Jobs y deciden emular su brusquedad sin comprender su capacidad de generar lealtades están cometiendo un grave error. Y es que esas lealtades venían provocadas y causadas por una casi inexplicable y profunda admiración.

Cuenta además en su *Steve Jobs: lecciones de liderazgo* una anécdota que es mucho más que una simple historia. Logra transmitir de manera profunda ese más allá que le llevó a hacer las cosas de otra manera.

Cuando Steve Jobs era pequeño, mientras ayudaba a su padre a construir una valla alrededor del patio trasero, este le dijo a un joven Steve que debían poner el mismo cuidado en la parte trasera que en la frontal.

«Pero si nadie de va a enterar», afirmó Steve. Su padre le respondió: «Pero tú lo sabrás. Un verdadero artesano utiliza una buena pieza de madera incluso para la parte posterior de un armario que va a ir contra la pared». Y ellos debían hacer lo mismo con la parte trasera de la valla.

El sello del artista era precisamente esa pasión por la perfección

Esta capacidad de aprender de ideas y pensamientos, incluso si se oponen a los nuestros, se consigue cuando analizamos y sopesamos los hechos, razonando cuidadosamente y haciendo conexiones perspicaces.

El pensamiento crítico es una de las capacidades más buscadas en los equipos de alto rendimiento, ya que permite a las organizaciones una consecución de objetivos rápida y eficaz. Sin embargo, su creación requiere ciertas condiciones y necesidades. Al fin y al cabo, si estos equipos logran unos resultados extraordinarios aportando creatividad, iniciativa y valor es porque están altamente formados.

Todos buscamos personas distintas que sobresalgan por encima de las demás y que extraigan el máximo rendimiento, pero como líderes tenemos en nuestras manos motivarlas con una visión clara de lo que se espera conseguir; potenciarles la multidisciplinariedad y llevar un liderazgo sólido, pero con autonomía para el equipo.

Tiempo de reflexión

1. Desde tu punto de vista y tu experiencia, ¿por qué consideras que es importante trabajar en equipo? ¿Qué te aporta?

2. ¿En qué medida consideras que estás contribuyendo a un equipo si formas parte de uno, o a la gestión de equipos si los lideras, tanto como mando intermedio o líder de la empresa?

3. ¿En qué fase consideras que se encuentra el equipo considerando estos indicadores: compromiso, confianza, pertenencia, flexibilidad, comunicación e integración?

4. Escucha esta breve intervención de Bill Gates y Eric Schmidt sobre la figura del *coach*.

Sigue este enlace o escanea el QR:
https://youtu.be/XLF90uwll1k

Tiempo de acción

1. Inma Shara, directora de orquesta, ha dirigido las orquestas sinfónicas españolas más importantes y colaborado con algunas de las mejores orquestas del mundo. En *La batuta invisible* sin duda te dará claves sobre la salida a escena o el liderazgo de equipos.

Sigue este enlace o escanea el QR:
https://youtu.be/SvSohSi_f60

2. Vamos a ir un paso más allá analizando el mapa de la empatía del equipo. Reflexiona sobre ello mediante las 4P: cómo se sienten, cuáles son sus miedos. Te hará reflexionar sobre qué necesita. Recuerda empezar por escribir el propósito de la empresa y la misión:

   – PENSAMIENTOS ¿Qué piensa y siente el cliente?

   • ¿Qué piensa el equipo?

- ¿Qué le motiva?
- ¿Cuáles son sus preocupaciones?

– PANORAMA

- ¿Qué ve el equipo? ¿Cuál es su entorno?
- ¿A qué tipo de problemas se enfrenta?
- ¿Qué le asusta? ¿Qué le mueve?

– PALABRAS ¿Qué dice y hace?

- ¿Qué dice y hace el equipo?
- ¿Cómo es el ambiente con el resto de los miembros?
- ¿Qué manifiesta que le preocupa?
- ¿Cómo es su lenguaje? ¿Es positivo, negativo, de preocupación?

– PERCEPCIONES

- ¿Qué es lo que escucha en su entorno profesional?
- ¿Qué le dicen sus amigos y familia?
- ¿Quiénes son sus principales influencias?
- ¿Cómo lo hacen? ¿A través de qué medios?

Para tener un mayor grado de interiorización, reflexiona:

– ¿Qué aporta el equipo o los equipos?

– ¿Qué espera el equipo? ¿Cuáles son sus expectativas?

– ¿Qué recibe el equipo? Más allá de su salario, ¿qué más consideras que «ganan» sus miembros?

3. En el modelo hay una última fase, próximos pasos. Plantéate primero la proyección: ¿cómo se desearía que fueran el equipo o los equipos? ¿Cómo podrían ser teniendo en cuenta todos los elementos que le influyen? ¿Por dónde empezarías? Anota los próximos pasos en ese mapa de empatía del equipo.

4. Y si hablábamos de deporte y de excelencia, merece la pena escuchar y ver a un psicólogo deportivo Joaquín Valdés: «Con talento y esfuerzo no llegas a la meta; llegas a la excelencia».

Sigue este enlace o escanea el QR:
https://youtu.be/RdVlJ7g5CGQ

---

5. Y permíteme que no me resista a la tentación de mencionar a alguien a quien tantas personas admiramos profundamente, Rafa Nadal.

Sigue este enlace o escanea el QR:
https://youtu.be/ULWdSR9ogpM

Figura 10.2. Mapa de empatía del equipo

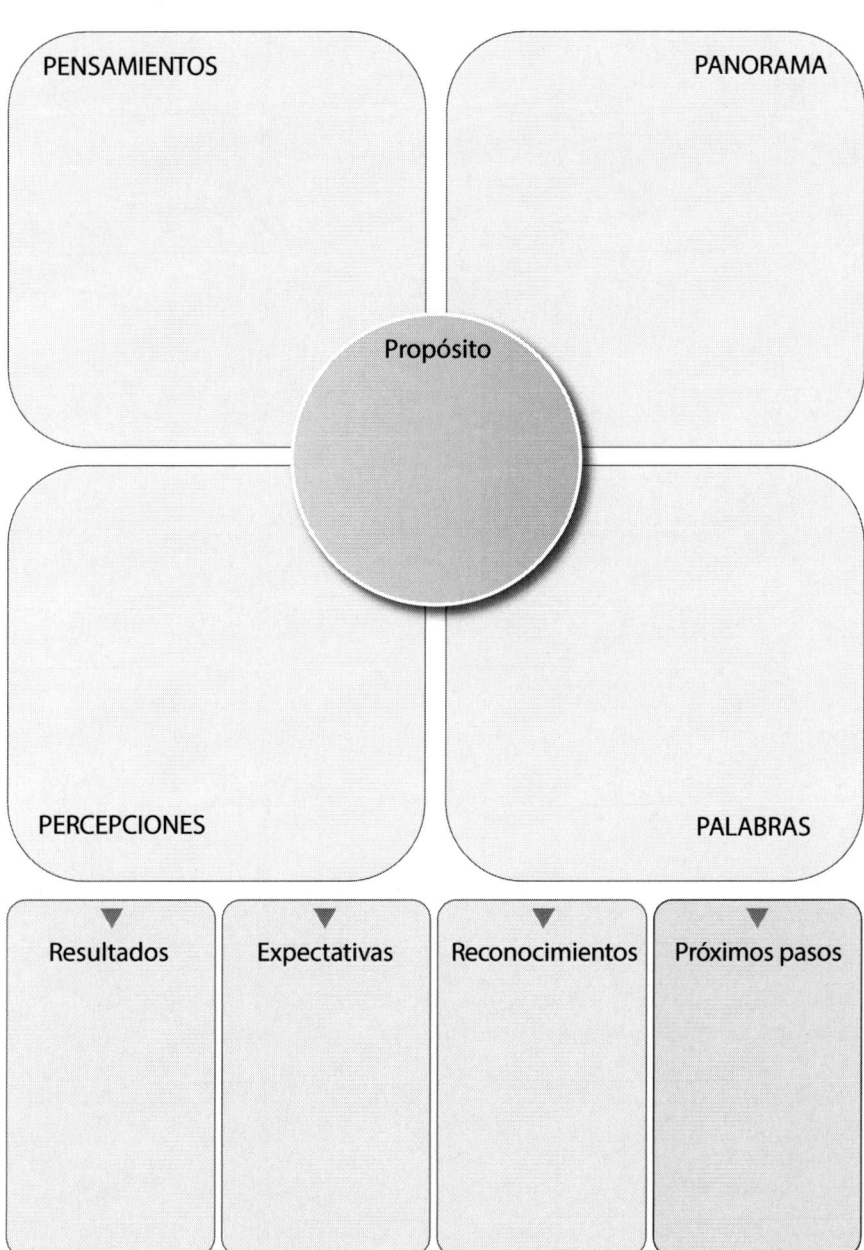

11

Si no te llevan la contraria, tienes un problema

«Los errores son los umbrales del descubrimiento».

JAMES JOYCE

En Real Academia Española (2014):

Discrepar

1. intr. Dicho de una cosa: Desdecir de otra, diferenciarse, ser desigual.
2. intr. Dicho de una persona: Disentir del parecer o de la conducta de otra.

É rase una vez un emperador al que le encantaban los trajes. Era tan presumido que gastaba todas sus rentas en lucir siempre vestidos nuevos. Tenía diferentes trajes para cada ocasión y hora del día…».

Así comienza el cuento de Hans Christian Andersen *El traje nuevo del emperador*. De niña leí este cuento tantas veces…No soy consciente de que entendiera el trasfondo de la historia, pero me asombraba que nadie le dijera nada al emperador, que viviera en una especie de fábula de la mentira continua, con la complicidad de quienes saben que están faltando a la verdad y, a la vez, se encuentran atrapados en una espiral infinita de inercia.

Las empresas, a menudo, replican el cuento, y su «emperador» continúa desnudo con su traje, creyendo que es invisible, pensando que todo lo que le dicen los demás es por total afinidad con sus ideas, convencido de su buen criterio y pasando el tiempo en esa irrealidad.

En la vida, como en el cuento, seguir una corriente sin atreverse a enfrentar el qué dirán puede ser muy peligroso.

Me temo que he asistido en numerosas ocasiones a reuniones en las que nadie es capaz de discrepar. Se trata de reuniones en las que el líder supuestamente comparte para debatir las ideas. Y, sin embargo, ni el ánimo es escuchar, ni nadie debate, situaciones de autoengaño personal que pueden llegar a convertirse en un engaño colectivo cuando todos luchan para protegerse. Las voces no se escuchan porque el líder no quiere escucharlas; en una peligrosa espiral en la que el miedo se hace protagonista del orden del día.

Recuerdo perfectamente una reunión de departamento donde el director general planteaba una serie de pasos y medidas relevantes que seguir. Hubo un buen comienzo; el ambiente era cómodo, de camaradería. Íbamos a opinar, a debatir las ideas y acciones antes de ser tomadas. Tras casi tres horas de duración, la reunión acabó. Sin duda el director lo presentaba desde la afirmación y la imposición de lo que se iba a hacer, en ningún momento desde la invitación a aportar. Y eso ocurrió: no hubo debate, no hubo aportación, apenas comentarios. Lo interesante ocurrió tras la reunión, cuando en los pasillos surgieron reuniones pequeñas de debate, de desacuerdo, de frustración ante una situación demasiado conocida, demasiado familiar.

La divergencia de opiniones es un componente esencial en cualquier empresa y equipo que quiera crecer. La sensación de aportar al proyecto motiva, implica, impulsa la creatividad y la inteligencia colectiva. No querer escuchar voces discordantes nos hace perder otras formas de mirar, nos cierra la puerta a la realidad, porque sin debate no existe la posibilidad de emprender otros caminos.

No cabe duda de que la discrepancia es temida tanto por las personas que gestionan como por sus equipos, ya que afloran miedos profundos y asoman inseguridades. Sin embargo, una vez más, tenemos que ser conscientes de cuánto y cómo tenemos que aprender al respecto para no permitirnos el lujo y no darnos permiso a perder opiniones o a aportar ideas, a que nuestra voz se escuche.

Una de las grandes claves al discrepar es escoger el *cuándo* y, por supuesto, el *cómo*, y poner toda la escucha activa al servicio del comentario: escuchar con atención, sin juzgar, sin interrumpir, con el ánimo de entender y con la intención de profundizar en otros puntos de vista.

Alrededor de las 21.00 horas del 27 de julio de 2021, mientras Simone Biles se elevaba por encima de la bóveda en los Juegos Olímpicos de Tokio, se perdió a sí misma. Así comienza el artículo que la revista *Time* le dedica (Time, 2021).

En medio de una gran expectación por ver a Simone Biles ganar el primero de los seis oros a los que aspiraba en los Juegos Olímpicos de Tokio, la gimnasta más laureada de todos los tiempos se retira de la final por equipos. Alzó su voz:

> Después de la actuación que hice, no quería seguir. Pensé que era mejor dar un paso al lado por el bien de mi salud mental. Sabía que las chicas harían un gran trabajo y no quiero poner en peligro el trabajo en equipo y la medalla por mis errores.
>
> Tenemos que proteger nuestra mente y nuestro cuerpo y no limitarnos a hacer lo que el mundo quiere que hagamos. Ya no confío tanto en mí misma. Tal vez sea por hacerme mayor. No somos solo deportistas, somos personas al fin y al cabo y a veces hay que dar un paso atrás.

Vuelve 732 días después. Y su regreso es a lo grande. Reaparece con victoria en el US Classic de Chicago. Quizás lo más valioso para muchas personas es que su valentía, su resiliencia, su coraje y su voz han ayudado a visibilizar lo que tantas personas sufren en el frío silencio de la incomprensión.

Del conflicto a la oportunidad

Entre esos miedos generados por las notas discordantes entra en juego el arte de saber gestionarlos. Los conflictos son parte de la vida y surfearlos no es tan sencillo; de ahí que la tentación en cualquier ámbito de nuestra vida sea en algunos casos la huida, la resignación o el silencio y, en otros, el enfrentamiento feroz. Porque la emoción, a veces, puede a la razón, y al confrontarlos tan emocionalmente la discrepancia deja de ser una oportunidad y se convierte en un elemento muy negativo con el que lidiar.

En las organizaciones puede haber disputas cuando se dan diferencias en el reparto de tareas, recursos o planificación; los conflictos también pueden venir dados por motivos relacionales, en los que las tensiones surgen por incompatibilidad en las ideas, las propuestas o los valores entre personas.

Investigadores como Medina afirman que el conflicto orientado a las relaciones incide de forma negativa sobre el rendimiento obtenido por el grupo y sobre la satisfacción de los miembros que lo componen, ya que se emplea mayor tiempo y mayor cantidad de energía en resolver problemas personales; los niveles de tensión y de ansiedad se elevan, lo cual reduce no solo la habilidad para recibir y apreciar nuevas ideas de los integrantes del equipo, sino la propia creatividad.

Cuando en la empresa no existe oportunidad alguna de progreso, nada atenta más contra el entusiasmo que sentirse atrapado. En ambientes extremadamente hostiles, la comunicación da un giro y el conflicto empieza a escalar. Si los miembros del equipo tienen problemas interpersonales o se sienten negativos por lo que está ocurriendo, la motivación y la efectividad en el trabajo se ve afectada.

Trabajar en un ambiente en donde los choques son habituales convierte el aire en irrespirable, la creatividad se esfuma, las conversaciones se vuelven limitantes y las ideas se desvanecen a la misma velocidad que nuestra energía y nuestro anhelo de crecimiento y superación. Sin embargo, cuando se trata de asuntos centrados en las tareas, se pueden generar oportunidades, estimular la creatividad y las ideas; facilitar la comprensión de otros puntos de vista desde esa controversia constructiva. La gestión adecuada de estos conflictos, tanto relacionales como centrados en las tareas, es esencial para poder dar la vuelta a una situación que puede llevarnos ante una encrucijada.

Existen una serie de pasos que, si bien el orden puede ser alterado y no tienen por qué tomarse de manera estricta y ordenada, sí nos llevan a resolver las tensiones innecesarias. El Dr. Dudley Weeks en su libro *Ocho pasos para resolver conflictos* nos da una serie de pautas para tener en cuenta:

- **Paso 1. Crea un ambiente afectivo.** La atmósfera determinará las emociones de cualquier tipo que se generen. Puede hacer brillar a las personas o apagarlas. Cuida y asegúrate de que esta sea propicia para el aprendizaje. Aléjate de la lucha de egos, de los ataques, y que el miedo a perder o las ganas de ganar no te alienten a confrontarte con el otro. Busca solucionar los problemas en el momento preciso y el lugar adecuado.

- **Paso 2. Clarifica las percepciones.** Amplía el marco e integra las impresiones de la otra parte como elemento indispensable mediante la escucha y la empatía. No olvides que existen tantas percepciones como personas ante el mismo conflicto. Anclarse en disputas o resentimientos del pasado solo añadirá tensión e incomprensión.

- **Paso 3. Establecer las necesidades individuales y compartidas.** Diagnostica y determina las posturas y la situación teniendo en cuenta las prioridades. Debes conocer la forma en que la otra persona ve el conflicto, cómo lo percibe, y a partir de ahí establecer un punto de conexión y cubrir las necesidades para que ambas partes se consideren satisfechas. Pregúntate cuál es la situación, qué necesita cada parte para buscar el *win-win* y cómo evitar la sensación de haber perdido.

- **Paso 4. Construye un poder positivo.** Controla la dinámica de la comunicación destructiva. Genera una conducta positiva compartida que dé la habilidad de actuar o desenvolverse eficientemente. Lo esencial es mantener una actitud que construya y no destruya, que ayude a avanzar y no a parar. Cuida el lenguaje y las formas.

- **Paso 5. Mira al futuro.** Es esencial no quedarse atascado en la sensación dolorosa de no poder superar las dificultades. Desarrolla la capacidad de mirar al conflicto desde el presente, encarando el futuro y con la intención de aprender del pasado.

- **Paso 6. Proyecta diferentes opciones.** Es sumamente importante generar ideas, proponer posibilidades y soluciones creativas para ser analizadas. El hecho de que se pongan sobre la mesa no significa que vayan a desarrollarse.

- **Paso 7. Desarrolla elecciones factibles y realistas.** Empieza a preparar pasos fáciles de cumplir que lleven a posibles acciones de éxito, satisfagan algunas necesidades y ayuden a construir confianza entre ambas partes.

- **Paso 8. Llega a acuerdos mutuamente beneficiosos.** Los acuerdos deben ser realistas y sostenibles, que presenten una alta posibilidad de mantenerse en el futuro, y para ello una actitud positiva es decisiva.

Los ocho pasos nos ayudarán no solo a dejar de centrarnos en el *yo*, sino a pensar en la acción, porque si aprendemos a gestionar los conflictos y a reconocer que son parte del día a día, incluiremos la discrepancia como una oportunidad más que nos brinda la vida. Y si, además, promovemos la asertividad, haremos las organizaciones más ricas, los equipos más innovadores y personas más involucradas.

Figura 11.1. Ocho pasos para solucionar conflictos

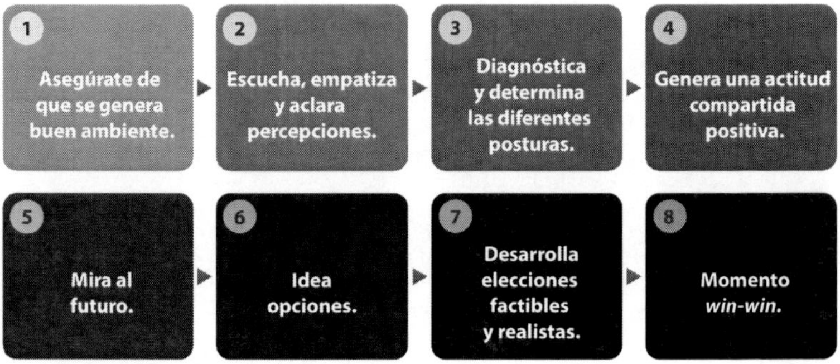

1	2	3	4
Asegúrate de que se genera buen ambiente.	Escucha, empatiza y aclara percepciones.	Diagnóstica y determina las diferentes posturas.	Genera una actitud compartida positiva.

5	6	7	8
Mira al futuro.	Idea opciones.	Desarrolla elecciones factibles y realistas.	Momento *win-win*.

Fuente: Elaboración propia a partir de Weeks (1993).

La batalla contra la inseguridad

¿Cuántas veces nos ha costado tomar decisiones por miedo a equivocarnos? ¿O hemos sentido envidia o celos de los demás? ¿O nos han hecho una crítica y nos la hemos tomado con gran susceptibilidad?

Son reacciones emocionales habituales cuando nos falta confianza en nosotros mismos. Todos hemos vivido momentos en nuestra vida en los que nos hemos podido sentir, en menor o mayor medida, inseguros. Es difícil que una persona se sienta cien por cien confiada en todos sus actos, situaciones y ambientes. La inseguridad aparece en todas las personas en alguna ocasión u otra, y se presenta como una característica propia del ser humano. Sin embargo, se agrava cuando esta falta de convicción afecta a nuestros actos y nos distorsiona la vida.

El hecho de tener expectativas muy bajas acerca de lo que somos capaces de hacer provoca que ni siquiera tengamos iniciativas ilusionantes que supongan un reto. Esta inestabilidad emocional induce a una conducta nociva para uno porque distorsiona la opinión que tenemos sobre nosotros mismos. Dudamos de nuestras propias capacidades, de nuestros criterios para tomar decisiones y nos dejamos influenciar por opiniones externas.

Cuando la inseguridad acaba convirtiéndose en un rasgo de nuestra personalidad, algo se oscurece en nosotros, limita nuestro potencial y acalla nuestra voz. Debemos darnos tiempo para adaptarnos al entorno, rodearnos de personas que nos brinden su apoyo y tener claras nuestras metas y propósitos para seguir avanzando.

«La confianza en uno mismo es el primer secreto del éxito». Así, con esta contundencia Ralph Waldo Emerson embiste el complejo tema en uno de sus ensayos más emblemáticos, «La confianza en uno mismo». Y con esta llamada a lo esencial, no queda sino rendirse a la evidencia de que para revocar esa falta de querencia personal debemos reflexionar sobre nuestras fortalezas, aquellas cualidades positivas que tenemos y que han quedado sepultadas bajo mantos de confusión, de culpa, de momentos mal vividos o mal sentidos.

De manera simple se me escapa como un suspiro pensar que al final lo básico no debería ser tan complicado; se me escapa sentir que hay que quererse más.

A veces la vida se siente compleja. Como individuos nos enfrentamos a un sinfín de decisiones diarias que poco a poco van conformando nuestra existencia. Conocer y saber manejar herramientas básicas para ganar seguridad y cultivar la confianza, poner a nuestro servicio nuestras fortalezas y a nuestro favor nuestras debilidades, salir del círculo de pensamiento negativo y potenciar nuestra autoestima para resolver los problemas y gestionar conflictos son algunos de los pasos que irán esculpiendo la superación de nuestra inseguridad.

El camino hacia la asertividad

Asertivo, según la RAE, es la persona que expresa su opinión de manera firme. Resulta interesante pensar en qué momento perdimos esa habilidad, quizás llevados por esas ganas de siempre agradar. Nos cuesta enormemente decir un *no* educado pero rotundo; un *no* respetuoso, pero sin concesiones. La asertividad es la habilidad de comunicar nuestra opinión, nuestras ideas, de manera adecuada, con sentimiento, acción y petición. Decía Aristóteles: «Cualquiera puede enfadarse; eso es algo muy sencillo. Pero enfadarse con la persona adecuada, en el grado exacto, en el momento oportuno, con el propósito justo y del modo correcto, ciertamente, no resulta tan sencillo». Efectivamente no lo es, y, sin embargo, en las organizaciones deberíamos empeñarnos en encontrar estos espacios de libertad para que las personas puedan expresarse con asertividad. Y es que ocurre a veces en las organizaciones que, veladamente o no, impiden expresarse a sus equipos. Quizás aquí las organizaciones no son conscientes de que de la asertividad se puede pasar a la pasividad. Y luego preguntarnos por qué el equipo no es proactivo... y así comienza un peligroso círculo vicioso de incomprensión.

Ser consciente de que es más que importante que el equipo aporte lleva un proceso, y para ello es importante marcarnos objetivos, como para casi todo. Marcarnos metas implica ponernos submetas que tengan como misión llevarnos, movernos y avanzar en esa dirección con coraje, con tenacidad.

Louis Pasteur habló de su clave del «éxito»: «Quiero compartir con ustedes el secreto que me ha llevado a alcanzar todas mis metas: mi fuerza reside únicamente en mi tenacidad». Y me temo que no hay más trucos de magia: para conseguir algo hay que esforzarse. Y para que nuestras ideas pasen de la mente a la realidad, ya no es suficiente con que los objetivos estén bien definidos, sino que deben cumplir una serie de características descritas en la metodología SMART, y que garanticen el máximo de probabilidad de éxito:

- *Specific* (específico y concreto).

- *Measurable* (medible, que nos ayude así a interpretar los resultados).

- *Achievable* (alcanzable, es decir, que sea realizable y realista).

- *Relevant* (relevante para la situación, que aporte).

- *Timely* (temporal, limitados a un tiempo determinado).

Si en el arte de medir, definir y fijar los propósitos damos un paso más, veremos que los autores Donald Sull y Charles Sull inciden en que la consecución de estos no solo sea a modo individual. Afirman que las empresas se focalizan en la realización de la persona; por eso incentivan los bonos: «Si cumples los objetivos te compensamos económicamente». Puede suceder que cada trabajador logre sus objetivos individuales, pero que la organización en su conjunto fracase en la ejecución de su estrategia. Para ello, proponen cuatro principios básicos que conforman un sistema de metas efectivo y que se resume en el acrónimo FAST, es decir, objetivos ambiciosos, traducirlos en hitos específicos, hacerlos transparentes en toda la organización y discutirlos con frecuencia:

- *Frequent discussions* (frecuentemente debatidos; revisados y evaluados de forma constante).

- *Ambitious in scope* (ambiciosos; pueden ser difíciles, pero no deben ser imposibles de conseguir).

- *Specific metrics and milestones* (específicos; establecer las métricas de tal forma que se puedan visualizar los pasos necesarios y evaluar su progreso).

- *Transparent* (transparentes; que se puedan ver los objetivos de los diferentes equipos de la compañía).

Tal y como comentan estos dos investigadores del Massachusetts Institute of Technology (MIT), una forma de hacer que los objetivos sean más relevantes es fijarlos trimestralmente en vez de anualmente; al cuadriplicar el número de veces en que se evalúa el progreso de los equipos, se pueden discutir desafíos inesperados y hacer ajustes en tiempo real. Es evidente que, en momentos especialmente complicados, retomar objetivos que sean ambiciosos pero asumibles y seguirlos de cerca con el equipo hará que este se involucre de manera clara. La claridad en la transmisión del mensaje contribuirá al compromiso de las personas que trabajan en la organización y consecuentemente al éxito de esta.

Con esa batuta invisible de la que hablaba la directora de orquesta y compositora Inma Shara en la actividad del capítulo anterior, la persona líder puede conseguir un alto nivel de implicación, que las demás personas tengan voz, dialoguen y discrepen en un espacio que propicie la asertividad con la libertad de poder expresarse; a través de una comunicación fluida y eficaz debemos compartir los objetivos, la misión y la planificación de escenarios para que el equipo se implique en la toma de decisiones que ayudarán a mirar al futuro. Si en los equipos nunca hay nadie que discrepe, habrá que hacerse preguntas. Decía Albert Einstein: «Una velada en que todos los presentes estén absolutamente de acuerdo es una velada perdida». Sin escucha no hay aprendizaje y sin discrepancia no hay riqueza.

Tiempo de reflexión

1. ¿Te consideras una persona asertiva? ¿Qué te lleva a afirmarlo o negarlo? Te propongo realizar este test de asertividad, creado por el doctor Spencer A. Rathus en 1973, que sigue siendo tan

útil e interesante como cuando lo realizó, y, sobre todo, un gran ejercicio de reflexión.

Sigue este enlace o escanea el QR:
https://www.psicoactiva.com/test/test-de-asertividad-de-rathus.htm

2. ¿Consideras que las personas a tu alrededor son capaces de discrepar delante de ti o prefieren no hacerlo por tu reacción?

3. Sin duda la resiliencia y valentía de Simone Biles son inspiradoras; hay que priorizar la salud mental».

   – El *HuffPost* publicó este vídeo tras retirarse en Tokio.

Sigue este enlace o escanea el QR:
https://www.youtube.com/watch?v=G7pdDi3jTws

   – *RTVE Noticias* publicó este vídeo incidiendo en la importancia de la salud mental:

Sigue este enlace o escanea el QR:

https://www.youtube.com/watch?v=pjvqdV6wNjQ

   – En 2021 *RTVE.es* publica este artículo sobre sus tres pilares:

Sigue este enlace o escanea el QR:

https://www.rtve.es/television/20210727/simone-biles-tokyo-2020-novio-vida-personal/2140140.shtml

– *RTVE Noticias* emitió este vídeo sobre la presión de Biles:

Sigue este enlace o escanea el QR: https://www.youtube.com/watch?v=6t9yKJmEvN8	

– En 2021, la revista *TIME* publicó un artículo sobre ella al declararla Atleta del Año 2021.

Sigue este enlace o escanea el QR: https://time.com/athlete-of-the-year-2021-simone-biles/	

Tiempo de acción

1. Piensa en la última ocasión en la que hayas discrepado por un asunto profesional. Anota errores, aciertos, sugerencias que recibiste y lecciones aprendidas sobre esa situación en el análisis ESAL.

Análisis ESAL

⊗ Errores

⊘ Aciertos

⊙ Sugerencias

⊘ Lecciones aprendidas

12

Sé lo que quieras recibir

«La generosidad no consiste en que me des algo que yo necesito más que tú, sino en darme algo que tú necesitas más que yo».

KAHLIL GIBRAN

En Real Academia Española (2014):

Generoso/a
1. adj. Dadivoso, franco, liberal.
2. adj. Que obra con magnanimidad y nobleza de ánimo. U. t. c. s.
3. adj. Abundante, amplio.
4. adj. Excelente en su especie.
5. adj. p. us. Noble y de ascendencia ilustre.

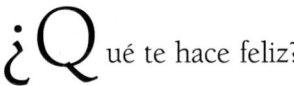ué te hace feliz?

¿Estás satisfecho o satisfecha con tu vida?

Lanzadas al aire quedan estas preguntas, y desde luego te invito a que te respondas con el cuidado de quien no quiere abrir heridas y la sinceridad del anonimato.

El psiquiatra estadounidense y profesor de la Universidad de Harvard Robert Waldinger dirige el estudio científico más largo de la historia sobre la felicidad. Con Marc Schulz, doctor en Psicología Clínica por la Universidad de California en Berkeley, escribe *Una buena vida* y acompañando a muchas personas a lo largo de ese estudio se preguntan y nos preguntan: ¿qué nos hace felices?

Y hay respuesta clara; clara y concisa, sin adornos, sin rodeos, sin secretos: nos hacen felices la salud y las relaciones personales.

Cuidar a los demás, dar las gracias, reconocer, la generosidad, disfrutar de lo bueno, de lo simple y de lo puro. El transcurso del tiempo parece detenerse cuando nos enfrentamos a preguntas esenciales y verdades fundamentales.

Alrededor del año 350 a. C., Aristóteles plasmó sus ideas en *Ética a Nicómaco*, donde sostenía que la generosidad involucra brindar y compartir de manera adecuada y proporcionada. Este acto no solo contribuye al bienestar propio, sino también al de los demás. Aristóteles afirmaba que la generosidad no solo beneficiaba a la comunidad, sino que también repercutía positivamente en la persona altruista. Según él, la generosidad engendra gratitud, aprecio y reconocimiento por parte de los demás, fomentando así un sentido de comunidad y amistad. Además, creía que la generosidad desempeña un papel fundamental en el cultivo de la virtud y en el desarrollo de un carácter más virtuoso, lo que, a su vez, resulta esencial para alcanzar la felicidad.

Cuando circunstancias inesperadas hacen tambalear todos los fundamentos —ya sean crisis sanitarias, desastres naturales o guerras—, nuestras dinámicas y rutinas se ven sacudidas por el temor al precipicio. En estos momentos extremos, la vida pone a prueba nuestras capacidades y emergen valores como la generosidad. No es mero detalle que la unión genere fortaleza; en la mayoría de las situaciones adversas, aflora este sentimiento de auxilio mutuo, de pertenencia a un colectivo, de ser parte de algo más grande que nos compromete con nuestra propia existencia y la de los demás.

«Cada crisis trae consigo una oportunidad oculta, una lección que debe ser aprendida», escribió el novelista y filósofo Albert Camus. En tiempos de desafío, nuestra resiliencia y solidaridad se convierten en pilares fundamentales para superar las pruebas que la vida nos plantea, como en un juego de ajedrez, donde cada movimiento estratégico nos acerca a la victoria, recordándonos que, en la danza entre el destino y la determinación, somos los jugadores en nuestro propio tablero.

Una manera de rodear el cambio es abrazarlo desde la solidaridad: aquellos que rescatan a personas que han quedado sepultadas bajo los escombros; los que, encima de un barco, salvan las vidas de migrantes que cruzan el mar; o los que simplemente cocinan de forma voluntaria para alimentar a gente que lo necesita. Son héroes y heroínas sin superpoderes que actúan con profesionalidad y corazón. Cuando las fuerzas flaquean, siempre hay alguien que lucha y se sobrepone para mantenernos activos y vivos.

Generosidad, la mejor virtud para llegar lejos

La amabilidad desinteresada constituye una fuente inagotable de recursos que pavimenta el camino hacia el éxito. Cultivar la amabilidad tiene el poder de liberarnos de temores y angustias, fortaleciéndonos tanto física como emocionalmente y fomentando nuestra creatividad. Esta virtud nos brinda la oportunidad de experimentar un agradable bienestar que nos conduce a la felicidad. La práctica constante de la bondad hacia los demás, traducida no solo en pensamientos positivos sino también en acciones concretas, genera beneficios tanto en el ámbito profesional como en el personal.

Immaculata de Vivo, epidemióloga de la Harvard Medical School, una de las máximas exponentes mundiales del estudio de la genética del cáncer, y Daniel Lumera, un referente internacional de las ciencias del bienestar, afirman tras años de investigación en su libro *Biología de la gentileza* (Lumera, D. y De Vivo, I., 2023) que la gentileza resulta ser la mejor estrategia evolutiva para tener una vida larga, sana y feliz.

«Todo lo que hacemos de modo desinteresado, sin esperar una recompensa y con el único objetivo de hacer que otra persona se sienta bien es gentileza». La generosidad es una parte esencial del liderazgo, que pone el foco en el equipo. No busca el protagonismo: reconoce el esfuerzo de las demás personas y pone en valor el talento. Nadie admira ni sigue a un líder egoísta, centrado en sus intereses y en su propio beneficio. Cuando se lidera un equipo, independientemente del cargo, la posición, el tamaño, el sector o la actividad, el líder debe tener la capacidad de dar lo mejor de sí, de poner su conocimiento al servicio de los demás, entregar todo lo que sabe.

En la entrega el tiempo es importante no por la cantidad, sino por la calidad. Hay organizaciones en las que, de manera enfermiza, se pretende impresionar a las personas directivas con horas extras, como si trabajar más tiempo nos hiciera mejores profesionales, cuando, en realidad, sucede lo contrario: es una señal alarmante del poco cuidado personal y lo poco que se tiene en cuenta la conciliación. Como dice la RAE, «magnanimidad y nobleza de ánimo» serán la clave para compartir de manera desprendida y ayudar sin que se le solicite.

Muchos son los filósofos que hablan de la existencia en el individuo de un instinto de conservación, con alcance evidentemente egoísta, e incluso que la justifican, como Hobbes, Schopenhauer o La Rochefoucault. Sin embargo, como afirma Alberto del Pozo en su artículo «Generosidad y egoísmo» (Del Pozo, A., 1953): «La actitud egoísta y la palabra que sirve para designarla —egoísmo— repugnan. Aunque todos lo seamos y procedamos con frecuencia según nuestro amor propio, quisiéramos no merecer ese calificativo, ni considerarnos inmersos en tal corriente de conducta».

Recuerdo como si fuera hoy —o quizás porque es hoy— el momento en el que terminé de leer *Ensayo sobre la ceguera* de José Saramago, premio nobel de literatura; una obra impactante, comprometida ideológicamente con la crítica al sistema de la globalización y del pensamiento único. Siempre he pensado en lo especial que es acabar un libro; incluso, a veces, esperamos unos días antes de empezar otro porque ese fin es en realidad el principio de la huella indeleble que nos deja, la misma que me dejó a mí *Ensayo sobre la ceguera*. En el artículo de

El País publicado por Juan Cruz sobre ese libro, resumía: «Una ciudad se queda paralizada: una plaga de ceguera afecta a toda la población. No son ciegos, están ciegos». Escribía Cruz que Pilar del Río, viuda, traductora del nobel y presidenta de la Fundación Saramago, decía que muchos de los libros de su marido «habría que leerlos en voz alta». Han pasado muchos años e incluso aún ahora, cuando pienso en el libro, me invade algo más que tristeza, agonía, miedo profundo ante un egoísmo deshumanizado, descarnado y sin esperanza.

Es importante en ocasiones asomarse al precipicio, ser consciente de la situación y no cerrar los ojos ante la realidad. Decía Mario Benedetti: «Cuando creíamos que teníamos todas las respuestas, de repente cambiaron las preguntas». Las preguntas se vuelven cada vez más intimistas, más sinceras, sin la tentación de verdades o mentiras a trozos, sino de esta realidad que se necesita ver para pasar a la acción, avanzar y sumar.

Volvamos a la generosidad en un mundo y en un momento en el que, más que nunca, se torna esencial y casi primario que cuidemos a las demás personas. Porque cuidando nos cuidamos. «Tu vela no pierde nada cuando alumbra a otros», apunta el dicho. Se es generoso cuando empleamos nuestro tiempo ayudando a un o una compañera a consumar su sueño. Y lo que no compartimos, se pierde.

Siempre he afirmado que quiero intentar ser elegante por fuera (soy una apasionada del mundo de la moda). Y sobre todo, por dentro.

La vida de Audrey Hepburn es, precisamente, una historia de elegancia mucho más allá de la moda. La actriz, nacida el 4 de mayo de 1929 en Bruselas, fue descendiente de una familia de la aristocracia holandesa, los Van Heemstra: su padre fue un banquero; su madre, una noble angloneerlandesa; y su abuelo estuvo muy ligado a la corte. Los sueños de una niña de diez años pronto se desvanecieron con el estallido de la Segunda Guerra Mundial, y su infancia terminó marcándola para siempre. Uno de sus hermanos fue llevado a un campo de concentración; el otro se perdió en los ataques de resistencia; y su primo y su tío fueron fusilados. Como la mayoría de los niños y las niñas de la época y de la zona, sufrió un periodo de grave malnutrición que quedó reflejada en su eterna delgadez. Este capítulo amargo de su vida le dejó huella en su carácter, en la mirada melancólica, además de una anemia y algunas complicaciones respiratorias que acarreó el resto de su vida.

Para protegerse de la guerra, con su madre, se trasladó al pueblo holandés de Arnhem, donde acudió al conservatorio para estudiar piano y *ballet* clásico, que compaginaba con sus estudios escolares. Audrey Hepburn estuvo del lado de la resistencia y la apoyó actuando en espectáculos de danza para recaudar fondos e hizo de mensajera en varias ocasiones. Dio y recibió. Recibió alimentos y ayuda médica por parte de la UNRA, la que más tarde sería Unicef. Aquel capítulo quedó grabado a fuego en la memoria de la actriz y sentó las bases de su verdadera empatía, de su solidaridad y de su compromiso.

Años más tarde se dedicó a interpretar pequeños papeles hasta que llegó el éxito. Sin embargo, lo que marcaría su vida fue su humanitaria solidaridad. Su último acto en la vida fue dar voz a los más necesitados, un sentido tributo a la ayuda que recibió ella misma de niña, como víctima de la Segunda Guerra Mundial. Así, fue nombrada Embajadora de Buena Voluntad por Unicef y visitó las zonas más devastadas del planeta para poner el foco sobre ellas e inclinar la balanza social en favor de su desarrollo y progreso. Decía: «Con el tiempo y la madurez, descubrirás que tienes dos manos; una para ayudarte a ti misma y otra para ayudar a los demás». Una de esas historias elegantes que traspasan la suave textura de la seda de los vestidos.

Del yo al nosotros

Hablar de generosidad en tiempos revueltos no solo no es pueril sino necesario. Decía Alberto del Pozo Pardo que la persona generosa se muestra de otra manera ante el dolor. «Por una parte, se entrega al sufrimiento, pero, por otra, acepta el dolor como acepta la vida; y pasa sobre él como sobre tantas cosas bellas que quisieron aprisionarlo con sus tentáculos».

El autor de «Generosidad y egoísmo» continúa afirmando que «la generosidad se ejerce cuando, aun a sabiendas del poco aprecio que de nuestro trabajo se hace, seguimos realizándolo con todas las fuerzas de que somos susceptibles sin esperanzas de remedio».

Releyendo sus palabras, no puedo evitar pensar en el momento en que, muy joven, decidí vivir en otro país, buscarme un trabajo y aprender. Y en cómo mi madre me aconsejaba de manera serena, con esa mirada de quien sabe bien lo que se dice: «Lo que hagas, hazlo bien; independientemente de cuánto te paguen o si consideras que eres más o menos valiosa para ese trabajo. Hazlo bien, y hazlo por ti, porque eres una gran profesional». Nunca imaginé que esas palabras me iban a marcar tanto en mi trayectoria. Oí sin escuchar y mucho más tarde lo comprendí.

Cuando los cambios llegan, a menudo lo hacen de forma repentina y dramática. Una combinación de miedo a lo desconocido e incertidumbre respecto al futuro deja a la mayoría de los líderes sin respuestas a las preguntas de los equipos que buscan respuestas.

Para hacer frente a este cambio de mentalidad, Doug Livingston, reconocido ejecutivo de la industria publicitaria y socio de la agencia *Together w/* de Nueva York, nos propone la arquitectura de marca de las 3H. Se trata de una metodología desarrollada y pensada durante la pandemia de COVID-19 y aplicable a cualquier otra crisis que pida huir de la comunicación oportunista y ponga a las personas en el centro:

- **HELP** → ¿Qué recursos tenemos y cómo podemos aplicarlos para hacer el mayor bien?

- **HOPE** → ¿Cómo podemos usar nuestra propia historia de marca y la capacidad para comunicar, así como nuestros canales digitales e inventario de anuncios para contar historias que traigan esperanza a las personas?

- **HAPINESS** → ¿Qué podemos hacer para proveer entretenimiento, capacitación, momentos lúdicos, actividad y conexión desde la marca al consumidor para mantener su moral y felicidad alta?

Resulta revelador que este método diseñado para las marcas ponga a las personas en primera instancia, huyendo del marketing y las falsas promesas para más bien actuar oportuna y no oportunistamente. Si lo llevamos al mundo del liderazgo, el mensaje que se va a transmitir tiene que ir unido y casi atado a ese canto de esperanza.

Es esencial que los líderes desarrollen una mentalidad global enfocada al aprendizaje para hacer frente a situaciones complejas como el trabajo bajo presión; en esas enseñanzas adquiridas se debe interiorizar una generosidad que no mire el *yo* sino el *nosotros*, ese *nosotros* entendido como un mundo que necesita de personas responsables y generosas.

Restablecer los vínculos efectivos y abonar fidelidad son parte de los retos ineludibles para un buen liderazgo. Inspirar, ayudar a ser mejores e invitar a la reflexión para reexaminarnos continuamente en ese afán de seguir creciendo. Fuera de la autocomplacencia y de narcisismos que ciegan, fuera de egos que pisotean nuestra moral, debemos mantener en la consciencia la importancia de saber interpretar el contexto y actuar en consecuencia.

Éxito: la libertad de poder escoger

A todos nos ha dado algún que otro vuelco la vida y nos ha puesto encima problemas, dolores, tristezas y miedos. Cuando esto sucede, buscamos de dónde tirar, ansiosos de recibir un abrazo, un consejo, una solución o un poco de atención. Ocurre que, a veces, lo que obtenemos no es lo esperado y que el camino debe invertirse, porque cuando damos es cuando más recibimos.

La persona que lidera equipos debe buscar impulsar e inspirar desde la inclusión, haciendo partícipes y protagonistas a sus equipos, con inteligencia, honestidad y determinación. Es la elegancia en el ser y en el hacer llevada a las últimas consecuencias: desde atraer talento hasta el día del adiós a una persona que debe o quiere emprender otro camino y abandonar la empresa, cuidando su salida, ayudando en todo momento, siendo y comportándonos como nos gustaría que se comportaran con nosotros.

Como dice la doctora Ángela Duckworth, psicóloga y profesora de la Universidad de Pensilvania, el secreto del éxito no se basa en el talento ni la suerte, sino en ciertas cualidades que se pueden cultivar. Su primera obra, *Grit: el poder de la pasión y la perseverancia,* fue publicada en mayo de 2016 y permaneció 21 semanas en la lista de superventas del *New York Times.* Desde hace años, estudia e investiga temas relacionados con el autocontrol y la perseverancia, aunque antes de adentrarse en el mundo de la psicología enseñó matemáticas en el instituto. Pasó mucho tiempo intentando dar respuesta a un hecho que podía parecer sumamente obvio: los estudiantes que se esforzaban más lo hacían mejor y los que no se esforzaban mucho no lo hacían tan bien. Duckworth ansiaba saber: ¿cuál es el papel del esfuerzo en el éxito de una persona?

No hace mucho, tuve el honor de conocerla y escucharla mientras estaba como invitada académica en su universidad. Si tuviera que definir qué me transmitió, es precisamente ese arranque y coraje. Los mismos adjetivos con los que uno traduce o interpreta *grit.* Pero sucede que el título del libro, tanto en inglés como español, mantiene la misma palabra, porque traducirla mejor, más allá de determinación, no es tarea fácil. Y es que *grit* es determinación, pero con un paso más allá; es coraje, es valentía, son agallas, esa palabra castiza y tan descriptiva. La doctora Duckworth la define como «mantenerse en las cosas a largo plazo hasta que las domines».

> La determinación es importante porque es un motor de logro y éxito, independiente y más allá de lo que el talento y la inteligencia contribuyan. Ser naturalmente inteligente y talentoso es grandioso, pero para hacerlo bien y prosperar, necesitamos la habilidad de perseverar. Sin agallas, el talento puede no ser más que un potencial insatisfecho. Solo con esfuerzo el talento se convierte en una habilidad que conduce al éxito.

La perseverancia y la constancia implican en ocasiones además una valentía un tanto quijotesca. El propio don Quijote dedica su espacio a la diligencia y la tenacidad entre todos los consejos que procura a Sancho Panza.

> Sea moderado tu sueño, que el que no madruga con el sol, no goza del día; y advierte, ¡oh, Sancho!, que la diligencia es madre de

la buena ventura y la pereza, su contraria, jamás llegó al término que pide un buen deseo.

La determinación puede llevar al éxito, pero el éxito tiene muchas caras. Asociado a menudo con logros como obtener un título, un aumento de sueldo o ser promocionado en la empresa, este patrón está cada vez más alejado de lo que entendemos por *éxito* hoy en día. Gabriel García Márquez decía: «El éxito no se lo deseo a nadie. Le sucede a uno lo que a los alpinistas, que se matan por llegar a la cumbre y cuando llegan, ¿qué hacen? Bajar, o tratar de bajar discretamente, con la mayor dignidad posible». Porque el éxito es un conjunto de sentimientos mucho más profundos que la capacidad de lograr algo visible y tangible.

No existe una definición universal de este concepto, sino que su medición es cada vez más personal porque va unida a realización y libertad. «El éxito consiste en obtener lo que se desea. La felicidad, en disfrutar lo que se obtiene», sentenciaba el ensayista americano, escritor y poeta Ralph Waldo Emerson.

Navegamos hacia el éxito cuando obtenemos con libertad aquello que anhelamos, sin más objetivo que encontrar la felicidad y brindarla a otros. Conscientes de que nuestros logros son fruto de la perseverancia, la persistente dedicación y la firme determinación, es esencial avanzar paso a paso en nuestro viaje. Como las olas que esculpen pacientemente la costa, el auténtico cambio comienza con pequeños gestos.

Sé lo que quieras recibir.

Tiempo de reflexión

Este es el final del libro. «Un largo paseo es como un renacimiento», afirma la Dra. Immaculata de Vivo. La ciencia indaga y se sorprende del efecto que tiene pasear y estar en contacto con la naturaleza en la salud física y mental.

Así que te animo a darte ese paseo para este último tiempo de reflexión junto a *Reinventa tu liderazgo*. Siempre he sentido que es esencial escribir lo aprendido, lo que no se quiere olvidar, trascendiendo lo leído a veces más allá de las palabras. Tras ese paseo anota:

- ¿Qué has aprendido?

- ¿Qué cosas, frases, palabras, reacciones propias no quisieras olvidar?

- ¿Qué pasos darás para seguir en tu proceso de reinventarte cuando cierres este libro?

Epílogo

O tro liderazgo es posible en este futuro que comienza hoy. En una ocasión escuché a José María Castellanos, quien fuera mano derecha de Amancio Ortega, decir que el futuro no existe; es el trabajo de hoy más el trabajo de mañana... y así sucesivamente.

Y en ese futuro que es misterio, en el tiempo revelador de las cosas esenciales, de los intangibles, capaz de remover los cimientos de todo en lo que creemos, mostrándonos nuestra vulnerabilidad, nuestra capacidad de reponernos y avanzar, otra manera de liderazgo no es solo posible, sino necesaria. Un liderazgo lleno de sentido, con una mirada que va mucho más allá del corto plazo. Un liderazgo resiliente, capaz de ayudar a los demás, de cuidarse para cuidar, de adaptarse y avanzar; un liderazgo movilizador e integrador que se llena de valores, en clave ética y comprometida, que busca la integración y la cooperación, que mira más allá del beneficio, donde las personas importan de manera genuina y donde se cuida al planeta, de puntillas para no dañar, con el mimo de una declaración de amor. Un liderazgo humanizado y humanista que pretende no ser protagonista sino facilitador. Un nuevo comienzo para una nueva era. Un nuevo comienzo para un nuevo futuro que empieza por mirar hacia dentro, buscando la mejora, el pensamiento sistémico y el aprendizaje continuo, teniendo en cuenta todo lo que nos rodea para analizar, reaccionar y navegar por la complejidad con conocimiento y sentimiento, con razón y corazón. «Al final, lo que cuenta no son los años en tu vida, sino la vida en tus años» (Abraham Lincoln).

Mirar hacia adentro; no hay otra receta, no hay más solución. La vida no es esperar a que pase la tormenta, sino aprender a bailar bajo la lluvia. El futuro empieza hoy.

Bilbao, 28 de agosto de 2023

Bibliografía

ANGELOU, M. (2016): *Yo sé por qué canta el pájaro enjaulado*. Libros del Asteroide.

ARON, E. N. (1997): *The Highly Sensitive Person: How to Thrive When the World Overwhelms You*. Broadway Books.

BASS, B. M. (1999): Two decades of research and development in transformational leadership. *European Journal of Work and Organizational Psychology, 8*(1), 9-32.

BAUMAN, Z. (2006): *Liquid fear*. Polity Press.

BELOTTI, C. (2013): *Aprende a gestionar tu mente y ser más eficaz*. Good Mood.

BLANCHARD, K. (2007): *Liderazgo al más alto nivel: cómo crear y dirigir organizaciones de alto desempeño*. Editorial Norma.

BOLMAN, L. Q. y DEAL, T. E. (1995): *Organización y liderazgo: el arte de la decisión* (No. 658.3 B6y).

BROADWELL, M. M. (1969): Teaching for learning (XVI). *The Gospel Guardian, 20*(41), 1-3.

BROWN, T. (2008): Design thinking. *Harvard Business Review*, 86(6), 84.

BROWN, T. y KATZ, B. (2019): Change by design: how design thinking transforms organizations and inspires innovation (Vol. 20091). *Harper Business*.

BURNS, J. M. (1978): *Leadership*. Harper and Row.

BUSTAMANTE, M., LLORENS GUMBAU, S. y ACOSTA ANTOGNONI, H. (2014): Empatía y calidad de servicio: el papel clave de las emociones positivas en equipos de trabajo. *Revista Latinoamericana de Psicología Positiva*, Vol. 1 N.º 1.

CAPPELLI, P. (2008): Talent management for the twenty-first century. *Harvard Business Review*, 86(3), 74.

CARDONA, P. y MILLER, P. (2001): El liderazgo de equipos de trabajo. *IESE*, FHN-325, 0-400-027.

CARNEGIE, D. (2017): *How to develop self-confidence and influence people by public speaking*. Simon and Schuster.

CARROLL, L. (2022): *Las aventuras de Alicia en el País de las Maravillas*. BoD-Books on Demand.

CASTRO, I. O., BARRADAS, M. D. R. y RODRÍGUEZ, L. J. (2014): ¿Son el error y el fracaso fuentes de aprendizaje y fortalecimiento empresarial? Un punto de vista desde la filosofía empresarial. *Ciencia Administrativa*, 55-68.

CHIAVENATO, I. (2002): *Administración de recursos humanos*. Quinta edición. McGraw-Hill.

CHIAVENATO, I. (2009): *Gestión del talento humano*. McGraw-Hill.

CLANCE, P. R. e IMES, S. A. (1978): The imposter phenomenon in high achieving women: Dynamics and therapeutic intervention. *Psychotherapy: Theory, research & practice*, 15(3), 241.

CLARK, K. (2015): *Civilisation*. Hachette UK.

COSTA-SÁNCHEZ, C. y LÓPEZ-GARCÍA, X. (2020): Comunicación y crisis del coronavirus en España. Primeras lecciones. *El profesional de la información (EPI)*, 29(3).

COYLE, D. (2013): *El pequeño libro del talento: 52 propuestas para mejorar tus habilidades*. Conecta.

CUDDY, A. (2016): *El poder de la presencia*. Urano.

CUENCA, J. y VERAZZI, L. (2019): *Guía fundamental de la comunicación interna*. Editorial UOC.

DARK, M. L. (2005): Using science fiction movies in introductory physics. *The Physics Teacher*, *43*, 463-465.

DARTEY-BAAH, K. (2015): Resilient leadership: A transformational-transactional leadership mix. *Journal of Global Responsibility*, *6*(1), 99-112.

DEL POZO PARDO, A. (1953): Generosidad y egoísmo. *Revista Española de Pedagogía*, *11*(42), 193-205.

DELIU, D. (2019): Empathetic leadership–Key element for inspiring strategic management and a visionary effective corporate governance. *J. Emerg. Trends. Mark. Manag*, *1*, 280-292.

DÍAZ-HERRERO, S. y GERTRUDIX-BARRIO, M. (2021): El cine como metodología didáctica. Análisis sistemático de la literatura para un aprendizaje basado en el cine. *Contratexto*, (35), 225-253.

DRUCKER, P. F. (2008): *El líder del cambio*. Gestión y Planificación Integral.

DRUCKER, P. F., HESSELBEIN, F. y KUHL, J. S. (2015): *Peter Drucker's five most important questions: enduring wisdom for today's leaders*. John Wiley & Sons.

DUCKWORTH, A. (2016): *Grit: The power of passion and perseverance* (Vol. 234). Scribner.

DUDLEY, W. (1993): *Ocho pasos para resolver conflictos*. Vergara Editor.

DUGATKIN, L. A. (2007): *Qué es el altruismo: La búsqueda científica del origen de la generosidad*. Katz Editores.

ECHEVERRÍA, R. (2017): *Ontología del lenguaje*. Granica.

EINARSEN, S., AASLAND, M. S. y SKOGSTAD, A. (2007): Destructive leadership behaviour: A definition and conceptual model. *The Leadership Quarterly*, *18*(3), 207-216.

Frankl, V. (2015): *El hombre en busca de sentido*. Herder.

Fredrickson, B. L. (2001): The role of positive emotion in positive psychology: The broaden-and-build theory of positive emotion. *American Psychology*, 56, 218-226.

Gardner, H. y Laskin, E. (1998): *Mentes líderes*. Paidós Ibérica.

Godet, M. (1993): *De la anticipación a la acción*. Manual de prospectiva y estrategia, Marcombo.

Goleman, D. (2000): Leadership that gets results. *Harvard Business Review*, 78(2), 78-90.

Goleman, D. (2010): *La práctica de la inteligencia emocional*. Editorial Kairós.

Goleman, D. (2014): *Liderazgo. El poder de la inteligencia emocional*. B de Books.

Goleman, D. y Boyatzis, R. (2017): Emotional intelligence has 12 elements. Which do you need to work on? *Harvard Business Review*, 84(2), 1-5.

Goleman, D. y Zilli, E. (1999): *La inteligencia emocional en la empresa*. Javier Vergara.

Goleman, D., Boyatzis, R. y McKee, A. (2016): *El líder resonante crea más: El poder de la inteligencia emocional*. Debolsillo.

Hackman, J. R. y Hackman, R. J. (2002): *Leading teams: Setting the stage for great performances*. Harvard Business Press.

Hackman, J. R., Wageman, R. y Fisher, C. M. (2009): Leading teams when the time is right: Finding the best moments to act. *Organizational Dynamics*.

Hanford, E. (2012): Angela Duckworth and the Research on *Grit*. *Tomorrow's College*.

Hargie, O. (Ed.). (1997): *The handbook of communication skills*. Psychology Press.

Helliwell, J. F., Layard, R. y Sachs, J. D. (2023): The Happiness Agenda: The Next 10 Years. *World Happiness Report, 2023*, 15.

HERNÁNDEZ, M. L. M. (2020): El futuro de la seguridad y salud en el trabajo: perspectiva política y normativa. *Relaciones Laborales y Derecho del Empleo, 8*(1).

ISAACSON, W. (2009): *Einstein*. Edizioni Mondadori.

ISAACSON, W. (2011): *Steve Jobs*. JC Lattès.

ISAACSON, W. (2012): The real leadership lessons of Steve Jobs. *Harvard Business Review, 90*(4), 92-102.

ISAACSON, W. (2017): *Leonardo da Vinci*. Mondadori.

JERICÓ, P. (2001): *Gestión del talento*. Financial Times-Prentice Hall.

JOHANSSON, F. (2005): *El efecto Medici: Percepciones rompedoras en la intersección de ideas, conceptos y culturas*. Planeta.

JONES, G. (2008): How the best of the best get better and better. *Harvard Business Review, 86*(6), 123-7.

JOSEPH, D. L., DHANANI, L. Y., SHEN, W., MCHUGH, B. C. y MCCORD, M. A. (2015): Is a happy leader a good leader? A meta-analytic investigation of leader trait affect and leadership. *The Leadership Quarterly, 26*(4), 557-576.

KAWASAKI, G. (2011): *El arte de cautivar: cómo se cambian los corazones, las mentes y las acciones*. Planeta.

KOCK, N., MAYFIELD, M., MAYFIELD, J., SEXTON, S. y DE LA GARZA, L. M. (2019): Empathetic leadership: How leader emotional support and understanding influences follower performance. *Journal of Leadership & Organizational Studies, 26*(2), 217-236.

LANDSBERG, M. (2015): *The Tao of coaching: Boost your effectiveness at work by inspiring and developing those around you*. Profile Books.

LE CARRÉ, J. (2011): *El peregrino secreto*. Debolsillo.

LIPOVETSKY, G. y CHARLES, S. (2008): *Los tiempos hipermodernos*. Anagrama.

LUMERA, D. y DE VIVO, I. (2023): *Biología de la gentileza*. Editorial Diana.

MAGUIRE, P. y PITCEATHLY, C. (2002): Key communication skills and how to acquire them. *BMJ, 325*(7366), 697-700.

MARAÑÓN, G. Á. (2012): *El arte de presentar.* Ediciones Gestión 2000.

MARINA, J. A. (2010): *Anatomía del miedo.* Anagrama.

MAXWELL, J. C. (2011): *El lado positivo del fracaso.* Grupo Nelson.

MEDINA, F. J., MUNDUATE, L., MARTÍNEZ, I., DORADO, M. A. y MAÑAS, M.
A. (2004): Efectos positivos de la activación del conflicto de tarea
sobre el clima de los equipos de trabajo. *Revista de Psicología Social,*
19(1), 3-15.

MLODINOW, L. (2022): *Emotional: how feelings shape our thinking.* Vintage.

MONTERUBBIANESI, M. G. (2012): Estudio de la comunicación no verbal
en España: estado de la cuestión. *Rumbos del hispanismo en el umbral*
del Cincuentenario de la AIH, 8, 459-468.

MOYA-ALBIOL, L. (2016): *La empatía en la empresa.* Plataforma Actual.

MURRAY, K. (2014): *Communicate to Inspire: A Guide for Leaders.* Kogan
Page Publishers.

ORTEGA, A. P. (2008): *Marca personal: Cómo convertirse en la opción pre-*
ferente. ESIC Editorial.

OSTERWALDER, A. y PIGNEUR, Y. (2011): *Generación de modelos de negocio.*
Deusto.

OTERO, E. (2020): *Teorías de la comunicación* (Vol. 2). Pontificia Universidad Católica del Ecuador.

PFEIFER, D. y JACKSON, B. (2008): Cross-cultural leadership. En: MARTU-
RANO, A. y GOSLING, J. (Eds.) *Leadership: the key concepts* (pp. 32-35).
Routledge.

PROUST, M. (2020): *Por el camino de Swann: En busca del tiempo perdido.*
Editorial Verbum.

PUNSET, E. (2010): *Brújula para navegantes emocionales.* Aguilar.

QIU, W., CHU, C., HOU, X., RUTHERFORD, S., ZHU, B., TONG, Z. y RODRÍ-
GUEZ, J. M. (1997): *El reto del trabajo en equipo.* Folio.

RAVINA-RIPOLL, R., FONCUBIERTA-RODRÍGUEZ, M. J. y SANAGUSTIN-
FONS, M. V. (2022): ¿Son felices los emprendedores españoles en el

siglo XXI? Un estudio cuantitativo a través de la encuesta del centro de investigaciones sociológicas (CIS). Cauriensia. *Revista anual de Ciencias Eclesiásticas*, 17, 455-472.

REZA TROSINO, J. C. (1995): *Cómo desarrollar y evaluar programas de capacitación en las organizaciones* (No. 658.3124 R467c). Panorama Edit.

RUESCHM, J. y KEES, W. (1956): *Nonverbal Communication*. University of California Press.

SAINT-EXUPÉRY, A. D. (1994): *El principito*. Enrique Sainz Editores, S. A.

SALANOVA, M. (2009): Organizaciones saludables, organizaciones resilientes. *Gestión Práctica de Riesgos Laborales*, n.º 58, pág. 18.

SALANOVA, M. (2020): How to survive COVID-19? Notes from organisational resilience (¿Cómo sobrevivir al COVID-19? Apuntes desde la resiliencia organizacional). *International Journal of Social Psychology*, 1-7.

SELIGMAN, M. E. (2006): *Learned optimism: How to change your mind and your life*. Vintage Books.

SÉNECA, L. A. (2018): *Sobre la felicidad*. Editorial Verbum.

SENGE, P. M., SCHARMER, C. O., JAWORSKI, J. y FLOWERS, B. S. (2005): *Presence: An exploration of profound change in people, organizations, and society*. Currency.

SINEK, S. (2009): *Start with why: How great leaders inspire everyone to take action*. Penguin.

SOHST, K. (2017): *El poder de la sensibilidad*. Planeta.

SULL, D. y SULL, C. (2018): With goals, FAST beats SMART. *MIT Sloan Management Review*, 59(4), 1-11.

TALEB, N. N. (2007): *The Black Swan*. Random House.

TANIZAKI, J. (2023): *El elogio de la sombra*. Siruela.

TORRES, W. E. R. (2023): Análisis de la gestión del talento humano en el contexto empresarial actual: una revisión bibliográfica. *INNOVA Research Journal*, 8(2), 83-106.

TROSINO, J. C. R. (2005): *Equipos de trabajo efectivos y altamente productivos*. Panorama Editorial.

TUCKMAN, B. W. (1965): Developmental sequence in small groups. *Psychological bulletin, 63*(6), 384.

TUCKMAN, B. W. y JENSEN, M. C. (1977): Stages of small group development revisited. *Group and Organizational Studies, 2,* 419-427.

TZU, S., SUN, W. y VU, S. C. (1971): *The art of war.* Oxford University Press.

URCOLA, J. L. y TELLERÍA, J. L. U. (2003): *Cómo hablar en público y realizar presentaciones profesionales.* ESIC Editorial.

VÁZQUEZ, B. L. y BALDERAS-CEJUDO, A. (2022): Liderazgo, compasión y felicidad: Una apuesta de presente y futuro. En *El happiness management. Un cisne amarillo que vuela hacia el marketing social, la felicidad y el bienestar* (pp. 319-336). Tirant Humanidades.

WALDINGER, R. y SCHULTZ, M. (2023): *Una buena vida.* Planeta.

WATZLAWICK, P. (1964): *An anthology of human communication.* Science & Behavior Books.

WATZLAWICK, P. y BEAVIN, J. (1967): Some formal aspects of communication. *American Behavioral Scientist, 10*(8), 4-8.

WATZLAWICK, P., BAVELAS, J. B. y JACKSON, D. D. (2011): *Pragmatics of human communication: A study of interactional patterns, pathologies and paradoxes.* WW Norton & Company.

WEEKS, D. (1997): *Ocho pasos para resolver conflictos.* Vergara Editor.

WHITMORE, J. (1996): *Coaching for performance.* N. Brealey Pub.

WHITMORE, J. (2011): *Coaching. El método para mejorar el rendimiento de las personas.* Paidós.

WRIGHT, S. y MCKINNON, C. (2015): *Alquimia del liderazgo: la magia del líder coach.* UPC.

XIFRA, J. (2020): Comunicación corporativa, relaciones públicas y gestión del riesgo reputacional en tiempos del COVID-19. *El profesional de la información,* v. 29, n. 2, e290220.

YUKL, G. (2012): *Leadership in organizations*. 8th ed. Pearson/Prentice Hall.

ZENGER, J. H. y FOLKMAN, J. (2009): *Extraordinary leader*. Tata-McGraw-Hill Education.

ZENGER, J. H. y FOLKMAN, J. (2012): *El líder extraordinario*. Profit Editorial.

ZENGER, J. H. y FOLKMAN, J. (2016): What great listeners actually do. *Harvard Business Review, 14*.

Referencias en Internet

16personalitiEs (2011 a 2020): Test de personalidad. Recuperado de https://www.16personalities.com/es

AISHAI, B. (2020): The Pandemic Isn't a Black Swan but a Portent of a More Fragile Global System. *The New Yorker*. Recuperado de https://www.newyorker.com/news/daily-comment/ the-pandemic-isnt-a-black-swan-but-a-portent-of-a-more-fragile-global-system

ALCAIDE, F. (2020): La situación actual requiere «madurez emocional». Recuperado de https://www.franciscoalcaide.com/ blog/218-la-situacion-actual-requiere-madurez-emocional

ALONSO, A. (2009): Identificación del talento, un valor diferencial de las empresas. *Capital Humano*, n.º 237. Recuperado de https://www.peoplematters.com/Archivos/Descargas/Docs/Docs/articulos/0911_CapitalHumano.pdf

ALONSO, B. y BENAVENT, V. (23 de mayo, 2020): Audrey Hepburn o el eterno encanto. *Elle.com*. Recuperado de https://www.elle.com/es/living/ocio-cultura/g793090/audrey-hepburn-mejores-imagenes/

ASOCIACIÓN VIKTOR E. FRANKL (2020): Viktor Emil Frankl (Viena, 1905-1997). Recuperado de https://asociacionviktorfrankl.es/frankl/

BARRADO, D. (27 de marzo, 2020): Vivimos un punto de inflexión: la generación 2020 y la nueva sociedad. *Telos*. Recuperado de https://telos.fundaciontelefonica.com/punto-de-inflexion-la-generacion-2020-y-la-nueva-sociedad/

BLASCO, L. (2015): ¿Qué es el «síndrome del impostor» y por qué lo sufre tanta gente? *BBC*. Recuperado de https:// www.bbc.com/mundo/ noticias/2015/11/151125_salud_psicologia_sindrome_impostor_lb

CERVANTES, M. de (1997-2020): *Don Quijote de la Mancha*. Centro Virtual Cervantes. Capítulo XLIII. Recuperado de https://cvc.cervantes. es/literatura/clasicos/quijote/edicion/parte2/cap43/

CESTERO MANCERA, A. M. (2014): Comunicación no verbal y comunicación eficaz. *ELUA*. Recuperado de https://revistaelua.ua.es/article/ view/2014-n28-comunicacion-no-verbal-y-comunicacion-eficaz.

CRUZ, J. (2011): Una novela sobre la humanidad. *El País*. Recuperado de https://elpais.com/diario/2011/05/28/cultura/1306533608_850215.html

DESIGN THINKING (2019): ¿Qué es el design thinking? Recuperado de https://www.designthinking.services/2017/07/que-es-el-design-thinking-historia-fases-del-design-thinking-proceso/

DETERT, J. R. (febrero, 2016): Can Your Employees Really Speak Freely? *Harvard Business Review*. Recuperado de https://hbr.org/2016/01/ can-your-employees-really-speak-freely

EUROPA PRESS (2020): La ONU urge a «aprovechar el talento» de los jóvenes para abordar la crisis del coronavirus. *Europa Press*. Recuperado de https://www.europapress.es/internacional/ noticia-onu-urge-aprovechar-talento-jovenes-abordar-crisis-corona-virus-20200428073621.html

FOLKMAN, J. (2020): The Number One Skill Leaders Need In A Crisis. Recuperado de https://zengerfolkman.com/articles/the-number-one-skill-leaders-need-in-a-crisis/

FRANKL, V. Entrevista al Dr. Viktor Frankl: El sentido de la vida. Recuperado de https://youtu.be/k6JeEkaaBt4

GARRIDO, M. Á. (2008): *Diccionario español de términos literarios internacionales (DETLI)*. Academia Argentina de Letras. Recuperado de http://www.proyectos.cchs.csic.es/detli/

GRAHAM-DIXON, A. (2018): Cómo los Medici usaron su fortuna para abrirse las puertas del cielo. *BBC*. Recuperado de https://www.bbc.com/mundo/noticias-46112045

GUERRI, M. (2019): Test de asertividad de Rathus. *Psicoactiva.com*. Recuperado de https://www.psicoactiva.com/test/test-de-asertividad-de-rathus.htm

HASSAN, Z. (2006): Conectarse con la fuente: el Proceso-U (U-Process). *Thesystemsthinker.com*. Recuperado de http://andresmartin.org/wp-content/uploads/2009/07/Conectarseconlafuenteelproceso-U.pdf.

HUFFINGTONPOST (2019): Si quieres resolver el síndrome del impostor no hagas como Michelle Obama. *Huffpost*. Recuperado de https://www.huffingtonpost.es/entry/si-quieres-resolver-el-sindrome-del-impostor-no-hagas-como-michelle-obama_es_5d101a93e4b0aa375f4ed39a

JOBS, S. (2005): Discurso en Stanford de Steve Jobs. Recuperado de https://youtu.be/HHkJEz_HdTg

JONES, G. (2008): How the Best of the Best Get Better and Better. *Harvard Business Review*. Recuperado de https://hbr.org/2008/06/how-the-best-of-the-best-get-better-and-better

JOSEPH, D. L., DHANANI, L. Y., SHEN, W., MCHUGH, B. C. y MCCORD, M. A. (2015): Is a happy leader a good leader? A meta-analytic investigation of leader trait affect and leadership. *The Leadership Quarterly*, 26(4), 557-576.

LA VANGUARDIA (2018): Una sociedad sin empatía. *La Vanguardia*. Recuperado de https://www.lavanguardia.com/opinion/20180811/451280865505/una-sociedad-sin-empatia.html

LECOCQ, T. *et al.* (2020): Global quieting of high-frequency seismic noise due to COVID-19 pandemic lockdown measures. *Science*. Recuperado de https://science.org/doi/10.1126/science.abd2438

LIVINGSTON, D. (2020): Comunicación de marca en tiempos de COVID-19. *Controlpublicidad.com*. Recuperado de https://controlpublicidad.com/opinion-publicidad/comunicacion-de-marca-en-tiempos-de-covid-19/

MAO, A. (2018): A comparison of China's risk communication in response to SARS and H7N9 using principles drawn from international practice. *Disaster medicine and public health preparedness*, v. 12, n. 5, pp. 587-598. https://doi.org/10.1017/dmp.2017.114

MARCO, C. (2016): Efecto Medici: Renacimiento de entornos de trabajo creativos. *Excellence management*. Recuperado de https://excelencemanagement.wordpress.com/2016/11/21/efecto-medici-renacimiento-de-los-entornos-de-trabajo-creativos/

MARTÍNEZ-LOSA, J. F. (2018): Organizaciones resilientes. *MC Salud Laboral*. Recuperado de http://www.miesesglobal.org/wp-content/uploads/2018/05/Organizaciones_resilientes-Paco-Martinez-Losa.pdf

MORTENSEN, M. y GARDNER, H. K. (2022): Leaders don't have to choose between compassion and performance. *Harvard Business Review*. Available at: https://hbr.org/2022/02/leaders-dont-have-to-choose-between-compassion-and-performance

ORGANIZACIÓN MUNDIAL DE LA SALUD (2010): Ambientes de trabajo saludables: un modelo para la acción. *Organización Mundial de la Salud*. Recuperado de https://apps.who.int/iris/bitstream/handle/10665/44317/9789243599311_spa.pdf;jsessionid=243F07FC32FF86A877841C1569257D6C?sequence=1

PETERS, T. (1997): The Brand Called You. *Fastcompany.com*. Recuperado de https://www.fastcompany.com/28905/brand-called-you

RAMÓN-CORTÉS, F. (2011): Discrepar sin crear conflictos. *El País*. Recuperado de https://elpais.com/diario/2011/05/15/eps/1305440812_850215.html

REAL ACADEMIA ESPAÑOLA (2014): Diccionario de la lengua española, 23.ª ed. Disponible en https://dle.rae.es. Recuperado el 3 de octubre de 2023.

RUIZA, M., FERNÁNDEZ, T. y TAMARO, E. (2004): Biografía de Audrey Hepburn. La enciclopedia biográfica en línea. Recuperado de https://www.biografiasyvidas.com/actores/audrey_hepburn.htm

SÁNCHEZ DEL REAL, V. (2018): 21 años ya del artículo de Tom Peters. *Elocuent.com*. Recuperado de https://www.elocuent.com/aniversario-del-articulo-de-tom-peters/

THE NEW YORK TIMES (2019): Paperback Nonfiction. *Nytimes.com*. Recuperado de https://www.nytimes.com/books/best-sellers/2019/02/03/paperback-nonfiction/

TIME (2021): Simone Biles. Athlete of the year 2021. *Time.com*. Recuperado de https://time.com/athlete-of-the-year-2021-simone-biles/

VOGUE (2023): Audrey Hepburn. *Vogue.es*. Recuperado de https://www.vogue.es/moda/modapedia/personajes/audrey-hepburn/224

WHITMORE, T. (2010): *The grow model*. Recuperado de https://www.performanceconsultants.com/grow-model

WORLD HEALTH ORGANIZATION (2010): Ambientes de trabajo saludables: un modelo para la acción: para empleadores, trabajadores, autoridades normativas y profesionales. https://iris.who.int/handle/10665/44317